汉语言文学教学模式探索

王妍引　汤海芳　郝　静◎著

中国商务出版社
·北京·

图书在版编目（CIP）数据

汉语言文学教学模式探索 / 王妍引，汤海芳，郝静著. -- 北京 : 中国商务出版社，2023.12
ISBN 978-7-5103-5071-9

Ⅰ. ①汉… Ⅱ. ①王… ②汤… ③郝… Ⅲ. ①汉语－语言学－教学模式－研究 Ⅳ. ①H19

中国国家版本馆CIP数据核字(2024)第023883号

汉语言文学教学模式探索

HANYUYAN WENXUE JIAOXUE MOSHI TANSUO

王妍引　汤海芳　郝静　著

出版发行：中国商务出版社有限公司
地　　址：北京市东城区安定门外大街东后巷 28 号　　邮编：100710
网　　址：http://www.cctpress.com
联系电话：010-64515150（发行部）　　010-64212247（总编室）
　　　　　010-64283818（事业部）　　010-64248236（印制部）
责任编辑：刘姝辰
印　　刷：北京四海锦诚印刷技术有限公司
开　　本：787 毫米×1092 毫米　1/16
印　　张：10.75　　字　　数：222 千字
版　　次：2023 年 12 月第 1 版　　印　　次：2023 年 12 月第 1 次印刷
书　　号：ISBN 978-7-5103-5071-9
定　　价：50.00 元

前　言

在浩瀚的历史长河中，汉语言文学一直是中华文化的璀璨瑰宝，深厚的文化底蕴和独特的艺术魅力，使其在人类文明中独树一帜。然而，随着时代的变迁和科技的进步，汉语言文学的教学模式也面临着前所未有的挑战和机遇。本书旨在探索汉语言文学教学模式的创新与实践，以期为汉语言文学教育的发展提供有益的参考和启示。

汉语言文学教育是人类文明传承的重要途径之一，其教学质量直接关系到文化传承的品质。然而，传统的汉语言文学教学模式往往过于注重知识的灌输，而忽视了学生的主动性和创造性。这种教学模式已经无法满足当今社会对人才培养的需求。因此，我们需要对汉语言文学教学模式进行深入的探索和创新。

本书从多个角度对汉语言文学教学模式进行了全面的分析和研究。首先，深入探讨了汉语言文学教学的本质和价值，以及教学模式改革的必要性和紧迫性。在此基础上，本书提出了汉语言文学教学模式创新的原则和方法，并对其可行性进行了充分的论证。此外，笔者还通过案例分析的方式，详细介绍了汉语言文学教学模式创新的实践经验，以期为读者提供有益的参考和启示。

在写作本书的过程中，笔者尽可能地吸收了国内外汉语言文学教育的最新研究成果和实践经验，以期为读者呈现一本具有前瞻性和实用性的书籍。同时，笔者也深知汉语言文学教学模式的创新是一个长期而艰巨的过程，需要我们不断地探索和实践。因此，希望本书能够成为广大汉语言文学教育工作者、研究者以及爱好者的有益参考，共同为汉语言文学教育的发展贡献力量。

此外，笔者要感谢所有为本书出版做出贡献的同人们，感谢他们的辛勤付出和无私奉献。同时，也希望读者能够从本书中获得有益的启示和帮助，共同推动汉语言文学教育的发展和创新。

目 录

第一章　汉语言文学教学理论与模式转变趋向

第一节　汉语言文学教学的现实困境与突围

“汉语言文学是一门理论与应用相结合的课程，它不仅能促进学生个人修养的提高，而且与社会生活的方方面面息息相关。”① 在高等院校，汉语言文学也是一门基础课程，培养了大批具有较高文学修养和人文精神的文学、文化、教育等领域的人才，为社会的发展做出了积极的贡献。然而，随着现代社会的发展和教育教学的改革，汉语言文学专业教育在一定程度上陷入了困境。教育理念、教育方式、教育管理体制等方面存在或多或少的问题，影响着专业教育的效果和人才培养的效果。

一、汉语言文学教学的现实困境

（一）学生的学习认知存在偏差

学生是教育活动的主体，只有充分调动学生的积极性，使他们自觉地参与教学活动，才能有效地开展课堂教学，实施教育改革。然而，现在的学生普遍不热衷于学习汉语和文学，他们只是把它当作一门中文课程，认为这对他们未来的职业发展没有帮助。一些学生把专业技术放在首位，在汉语言文学专业课程中，学习本专业的知识内容。这种思想在一定程度上影响着语文教育的发展。

（二）教育观念与方法缺乏创新

新课程改革以来，新的教育理念和教学方法不断涌现，使现代课堂教学的形式看起来丰富多彩，但由于汉语言文学本身具有高度的理论性。目前，很多院校在教授汉语言文学时，仍在沿用旧的教学方法，使用“灌输式”模式，学生则采用被动的学习方式，记笔

① 苏洪. 汉语言文学的理论与发展研究［M］. 长春：吉林出版集团股份有限公司，2022：1.

记，背笔记，少了独立思考的机会。汉语言文学是一门显示人性的闪光点、语言和文化魅力的学科，但在这种教学模式中，知识变得僵化，学生在学习过程中积累了更多的知识，却不会去理解其内涵，很难找到学习汉语的乐趣，致使其所获得的理论知识不能内化为自己的理解和成就，这导致越来越多的学生感受不到语文教育的意义。

（三）教学的评价机制亟须改进

经过多年的教育实践，大多数高等院校建立了专门的汉语言文学考试数据库。教学结束后，根据课程内容安排相应的考试，检查学生对教学内容的掌握程度。但这种评估方法导致内容、考试范围和标记的方法基本上都是相同的，这也导致许多学生追求分数，在课堂上记笔记，考试前几天死记硬背，学生的知识水平在短时间内大范围地提升，但是一旦考试后，很快被遗忘。这种评价方法很难真正促进学生文化素养的提高，更难以引导学生进行深入的思考和探索，也不会培养出具有深厚文化底蕴的人才。

二、汉语言文学教学困境的突围

（一）加强对汉语言文学教育的宣传

树立正确的教育观是有效开展教学活动的前提和保证。所以，学校和教师应关注汉语言文学教育，并积极学习汉语言文学教育的意义和功能。学校可以定期组织教师培训，推广最新的教育理念；汉语言文学课程的教师要明确自己的责任，并激发教师上课时的热情；学校管理层也可以定期上课，以保证汉语言文学课程的质量。

（二）创新汉语言文学的教育理念与方法

学生是课堂教学的中心，汉语言文学教育的理念和方法应始终立足于学生的发展需要。因而，教师应改变过去“灌输式”的教法，在教学过程中，注重提升自身水平的同时，更加关注学生的学习过程，引入先进的教育理念和方法，引进各种新颖的课堂教学方式，如小组合作学习、交互式教学、情境教学方法等。这不仅可以建立起一个更有吸引力和有效的汉语言文学课堂，还可以给学生更多的玩耍空间，激发他们积极参与课堂教学活动，师生、学生之间积极互动交流。

（三）完善汉语言文学的课程评价体系

汉语言文学课程评价要尊重课程的本质，注重学生文化素养的培养，而不是对教材内容的记忆。这样，不但可以改善学生死记硬背的学习方式，也能鼓励学生思考、表达自己的想法，为了促进学生的文学素养提升，让每一个孩子绽放不同的光芒，应实施开放教育，使学生的个性得以发展。

随着社会的进步，培养具备高度文化修养和人文精神的现代人才已成为重要目标。汉语言教育改革的成果，不仅关乎学生的综合素质和未来发展，更关系到社会主义精神文明现代化建设和中华文化的传承。虽然与多数专业课程相比，汉语言文学课程的专业性及职业方向相对模糊，但其对学生产生的全面、长期的积极影响，将让学生终身受益。因此，汉语言教育改革的重要性不容忽视。我们应继续研究和实践，探索汉语言教育发展的可行路径，以充分展现中国语言和文学的魅力，并助力更多学生在学习过程中取得进步和成长。

第二节　汉语言文学教学与人文素质教育

在语言文学教育中，汉语言文学是一门非常重要的学科，对培养学习者素质素养和形成正确的价值观起到了不可替代的作用。因此，强化注重汉语言文学教育，对促进我国社会进步和发展意义重大。基于此，我们应积极探究汉语言文学中人文素质教育的重要性，并提出有效融合人文素质教育和汉语言文学的对策，以培养出更多集专业技能和高素养于一身的优秀人才。

一、在汉语言文学教学中实施人文素质教育的作用

汉语言文学中实施人文素质教育有助于提升学习者的素质素养。在开设汉语言文学课的过程中，既有利于提高学习者系统学习汉语言知识的能力，也有助于提升学习者的人文素质素养。在当前各大高校招生规模日益扩大的形势下，青年学生所面临的就业压力越来越大。并且，用人企业不但要求应聘者具有一定的理论知识技能，还要具有一定的综合素质能力，特别是操作能力和解决问题的能力。可见，学习者想要在竞争激烈的人才市场立足，必须具有较强的人文素养，这样才能在众多应聘者中脱颖而出。在汉语言文学教学过程中，教学者要有目的、有意识地培养学习者分析和解决问题的能力，并锻炼他们的写作能力。而学习者须主动参与模拟招聘会和各项比赛，并积极准备，以不断提高自身能力，为日后找到满意的工作奠定坚实基础。

汉语言文学中实施人文素质教育有助于培养人文情怀。高尚的人文情怀和一定的审美

能力，是一个人优质生活的重要体现。而且，高尚的人文情怀有助于提升人们对生活和工作的热情，激励人们怀有一颗积极向上的心来工作与生活。高尚的人文情怀可以通过阅读优秀的文学作品得到培养。

二、汉语言文学教学与人文素质教育相融合的对策

强化学习者的人文素质教育，有助于促进学习者的全面健康发展，有效改善当前存在的心理问题，为学习者树立学习信心和确立奋斗目标提供了坚实的基石。在汉语文学教育过程中，汉语言文学作为一门重要的学科，能够助力学习者更好地继承和弘扬中华优秀传统文化，同时积极践行社会主义核心价值观。通过深入了解和学习我国传统文化，学习者可以丰富自己的知识体系，树立正确的价值取向，进而推动个人的全面发展。

营造良好的人文环境。对于学习者而言，环境非常重要。汉语言文学教育既需要在课堂中进行，也要在课堂外积极开展。教学者应大力支持与鼓励学习者自发成立汉语言文学组织、诗歌社团等，使其在积极参与这些社团的过程中充分探讨和运用汉语言文学知识。并且，教学者可组织一些文学创作比赛和朗诵诗歌的活动，让学习者感受到汉语言文学具有的魅力。在教学中，教学者还要注重培养学习者的汉语言文学素质，强化学习者的综合水平，更好地引导学习者实现自我价值。

注重培训教学师资。教师的教学能力关系着学习者的学习热情。例如，我国中央电视台的《百家讲坛》节目受到了广大观众的欢迎和喜爱，除观众对历史与人文知识感兴趣以外，与教授们的精彩讲授也有着很大的关系。对于汉语文学教育，要提高学习者学习热情，就需要选择一批素质高、水平高的教学者。教学者自身必须具有较强的文学素养，对汉语言文学有深度的了解，有着较高的文学素养，可以很好地掌握语言与文字，在课堂上可以精彩讲授，充分吸引学习者的注意力。想要做到这些，教学者就必须经常学习，不断丰富自身知识体系，定期或者不定期参与教学培训。同时，学校还要经常聘请一些汉语言文学专家到学校内开办讲座，这不但能让教学者积极学习，还能够提高学习者学习这门课程的热情。

为确保课程教学质量，我们应择优选拔教师。教师教学水平的高低直接影响学生的学习效果。汉语言文化教育对教师的要求极高，不仅需要具备深厚的文学素养，还须拥有广博的知识体系。因此，在选拔教师时，应注重其专业素养和教学能力，以便更好地激发学生的求知欲，提高课堂教学效率。实证研究表明，优秀的教师往往能培养出更出色的学生。因此，为提升学生的人文素养和综合能力，选拔优秀的教师任教至关重要。高校在招聘时应严格把关，确保选拔出高素质的汉语言文学教师，为学生人文素养的提升奠定坚实基础。

结合实际情况选择具体的教学内容。大多数高校都将汉语言文学这门课程设置成选修课，要想引发学习者学习兴趣，就要先从教学内容上入手。对此，教学者需要做好教学内容上的取舍。如在教学中，对于枯燥乏味的文章可适当剔除，拓展学习者感兴趣的文学内容，引导学习者积极参与谈论，激发学习者学习欲望。又如，对于体现作者积极向上人生态度的古诗，可适当渲染文章，并与学习者积极讨论诗词内容，让学习者对作者的人生事迹有所了解，并以他们为榜样，在日后生活和学习中遇到任何困难都能够做到迎难而上。

为确保学习者的全面健康发展，我们应高度重视其人格塑造。鉴于当前存在的人格缺陷对学习者生活与学习的不利影响，教育工作者须在课堂教学中，通过各类实践活动，有针对性地培养学习者健全的人格。因此，在汉语言文学教学中，教师应组织诸如诗歌比赛、朗诵比赛等多样化活动。这些活动旨在激发学习者的积极性，使其在参与过程中逐渐树立起正确的人生观、世界观和价值观，进而形成健康的心理状态，为未来的成长奠定坚实基础。

综上可见，在我国教育教学不断普及的背景下，再加上高校学习者人数日益增加，学习者的人文素质受到了社会各界的普遍重视，转变不良价值观，培养学习者形成健全的人格，是当前高校教育急需重视的问题。汉语言文学教育既能够丰富学习者的知识体系，也可以帮助学习者树立起正确的价值取向，提高他们的人文素养。所以，在实际教学中有必要注重汉语言文学教育，加强教师队伍的建设，为我国社会源源不断地培养出高素质人才。

第三节　汉语言文学课程教学内容体系分析

一、汉语言文学课程教学的理论依据

（一）现代汉语的基础知识分析

汉语是汉民族的语言，中国除了汉族外，还有 55 个少数民族，这些少数民族绝大多数有自己的语言，但各兄弟民族之间为了交际的便利，迫切需要一种共同使用的语言，汉语也就成为各民族之间的交际语言，成为中国的通行语。现代汉语是指现代通行的汉语，其口语既有共同语，即普通话，又有不同的方言；现代汉语的书面语是现代白话文。

汉语有着悠久的历史，早在 3000 多年以前，就有记载汉语的文字，即甲骨文，这是

一种相当成熟的古文字，至今没有文字记载的口语的形成自然更早。汉语经历了许多世纪的发展，面貌发生了很大的变化，历来有古代汉语、近代汉语、现代汉语的说法。以汉语语法演变为主要依据，参照词汇与语音的变化，一般可以把汉语的发展分为四个时期：①上古汉语：公元3世纪以前；②中古汉语：公元4世纪到12世纪；③近代汉语：13世纪到19世纪；④现代汉语：1919年5月4日到现在。

文言文是记载古汉语的书面形式，是在先秦口语的基础上形成的。当时，文言文和口语基本上是一致的。新文化运动中开展了一场声势浩大的白话文运动，从此白话文逐渐取代了文言文，逐步确立了现代汉语书面语，即白话文的合法地位。汉语的口语在古代就存在方言的分歧，一直有着共同语的存在。1949年中华人民共和国成立后，确立了汉民族共同语的规范标准并大力推广普通话，又对各地的方言做了普遍的调查和研究，加速了现代汉语口语的健康发展。

1. 现代汉语的具体地位

从世界语言的发展与现状来看，现代汉语无疑具有独特的地位和影响，主要包括以下方面：

（1）汉语是历史悠久与极强生命力的语言。汉语历史悠久，作为中华民族的交际工具，保存了灿烂的古代文化。在汉字产生前，汉语文化以口耳相传的形式得以流传和保存。汉字产生后，记载了古代文化，形成了汉文化典籍。从保存古代文化典籍的数量与历史的悠久来看，汉语无疑处于世界语言的领先地位。在语言发展的长河中，各种语言在不断地融合、分离。世界上有一些古老的语言，如古埃及语、古希腊语、古罗马语等大多都已消失，只以书面形式保存在一些文献里，不再是人们使用的活的语言。而汉语一直发展至今，成为一种既古老又年轻的语言。汉语在发展中不但没有被其他语言同化，而且还融合了一些古老的语言，可见汉语有极强的生命力。

（2）汉语是使用人口最多、分布地域较广的语言。世界上有几千种语言，按使用人口排名，则汉语居世界第一位，其次才是英语，再次是俄语、西班牙语。而且，使用汉语的人数超过英语，占世界人口的五分之一。使用汉语的地域除了中国以外，还有新加坡、泰国、马来西亚、越南、柬埔寨、印度尼西亚、美国、加拿大等国的一些地区。使用汉语的地域较广，但不是最广的，世界语言从使用地域排名，依次是英语、法语、西班牙语。

2. 现代汉语的主要特点

现代汉语有许多显著的特点，主要包括以下方面：

（1）语音特点。现代汉语是音乐性很强的语言之一，因为汉语中乐音较多，音节界限分明，加上有曲折变化的声调，听起来富于音乐美。汉语的音节结构中以元音为主，一个音节必须有元音，但不一定有辅音。一个音节可以由一个单元音构成。一个音节也可以由两个元音或三个元音组成。音节中可以有辅音，一般在音节的开头和结尾，但没有两个辅音连在一起的。声调是汉语音节中不可缺少的部分，是汉语语音代表性的特征之一。声母、韵母相同的音节，可以因声调不同而形成不同的音节，以区别意义。声调是每一音节高低升降的变化，从而形成特有的音乐美。

（2）词汇特点。汉语中语素一般是一个音节，由语素构成单音节、双音节、多音节的词。其中，双音节词占优势，词形较短，比较匀称。而构成新词的方式比较灵活。双音节词占大多数。现代汉语的词明显有双音节化的趋势，过去单音节的词渐渐为双音节的词所代替。另一些多音节的词又简缩成双音节的词。现在，许多创造的新词也是以双音节为主。汉语中有多种构词方式，但以复合构词为主，一个词根和另一个词根结合在一起构成一个词，这与以加词头、词尾产生新词为主的语系不一样。

（3）语法特点。汉语语法缺乏形态变化。表示语法关系的手段主要是词序和虚词。词类与句子成分之间没有单一的对应关系，词的分类也不能以形态为标志。词的构成以复合为主，构词造句的组合关系比较一致，还有比较丰富的量词。词序与虚词是表示语法关系的主要手段。词在句子中的先后次序是汉语表示语法关系的主要手段。汉语的名词不能与数词直接组合，换言之，在表述事物的数量时，在数词与名词之间一定要有量词，而且不同的名词使用不同的量词。

3. 现代汉语的不同规范

（1）语音规范。普通话是以北京语音为标准音的，普通话的语音必须以一个具体的方言点为标准，否则各地语音之间都有差别。以北京语音为标准音是历史发展形成的。元、明、清三代都建都北京，明清的所谓“官话”就是以北京话为标准音的，1919 年以后的“国语运动”也是以北京音系为标准音的，北京音系在历史上已经得到了一定程度的推广。

中华人民共和国成立以后，北京作为首都，它的语言影响更大，广播、电影、话剧等都采用北京语音，北京语音作为标准音的地位是确定无疑的。此外，北京音系相对汉语其他方言而言，更能体现语音由繁趋简的发展规律，发音比较明朗、高扬、舒缓、富于音乐美，所以，北京语音已传遍各地，为各地人士所接受。

以北京语音为标准音是以北京音系为标准，而不是北京话的每一个语音成分都是标准音。北京话中的有些土音是不能进入普通话的。北京话里的轻声、儿化音很多，普通话也应该进行取舍规范。北京话里的异读字，要按交际的需要进行必要的定音和统一。

（2）词汇规范。普通话词汇规范以北方方言作为基础。北方方言分布的地域最广，使用的人口最多，用北方方言写成的大量文学作品，在历史上有着广泛的、深刻的影响，因此，以北方方言作为普通话词汇的基础是符合汉民族共同语发展规律的。

北方方言地域辽阔，各地词汇都有一些地域差异，在词汇规范过程中必须有所取舍。为了丰富普通话的词汇，还应积极吸收古汉语中那些适合现代生活富于表现力的词汇。此外，词汇是语言中变化最快的部分。词汇的组成部分可分为基本词汇和一般词汇。在语言的发展当中，基本词汇较稳定，一般词汇则反映社会的发展和人们生活的变化，几乎处在经常变动的状态中。随着社会的变化，普通话的部分词汇也在不断地更新，既要反对生造词语，又要积极地吸收新词。

（3）语法规范。普通话以典范的现代白话文著作为语法规范，也就是以现代著名的典范的白话文作品中的一般用例作为语法规范。典范的现代白话文是摒弃了不规范的方言成分，又比普通话的口语更为精密完善的书面语，是经过提炼加工的语言。当然，作为规范是采取其中的一般用例，对于一些个别的受方言和古汉语及外来语影响的不规范的句子，以及一些特殊的用例应该舍弃。普通话的语法也要吸收古汉语语法、方言语法、外来语语法中有用的格式，来丰富语法表达。

4. 现代汉语的方言类型

汉语的方言是汉民族历史发展的产物。远至先秦，汉语在存在民族共同语的同时，一直存在方言。方言在一定的地区内流行，为当地人们的交际服务。汉语方言和普通话之间虽然有着明显的差异，但在语音方面有明显的对应规律，基本词汇与语法结构大体相同，并且共用一套汉字符号系统的书面语，因而并不是和普通话并立的独立语言，而只是汉民族共同语的地域分支语言。根据方言的特点，联系方言发展的历史，一般把现代汉语的方言分为八类，当然，大类之中还可以分小类。

（1）北方方言：以北京话为代表，这是汉语最大的一种方言，也是汉民族共同语的基础方言。北方方言分布的地域最广，使用的人口最多。

（2）吴方言：以上海话为代表，通行于江苏省长江以南、镇江以东地区（镇江不在内），浙江省大部分地区。

（3）粤方言：以广州话为代表，通行于广东省大部分地区、广西东南部地区。香港、澳门地区及美洲华侨大多也说粤语。

（4）闽南方言：以厦门话为代表，通行于福建省南部、广东省东部、海南省一部分地区。南洋华侨中也有不少人说闽南方言。

（5）闽北方言：以福州话为代表，通行于福建省北部。南洋华侨中只有一部分人说闽北话。

（6）客家方言：以广东梅县话为代表，通行于广东省的东北部、福建省的西北部、江西省的南部，此外，四川省、湖南省也通行客家方言。

（7）湘方言：以长沙话为代表，通行于湖南省大部分地区（西北角除外）。

（8）赣方言：以南昌话为代表，通行于江西省大部分地区（东南沿长江地带与南部地区除外）和湖北省东南一带。

现代汉语八种方言，如果就各方言与普通话的差别而言，北方方言是基础方言；闽南、闽北、粤方言与普通话距离最大；吴方言次之；客、赣、湘方言与普通话距离又小一些。

（二）汉语言文学专业及其学习

汉语言文学就是以研究中国语言的词语、句法，赏析古今诗歌、散文、小说等众多的文学作品为主要内容，并对相关工作技能进行理论指导和实践训练的专业，本专业课程覆盖面极为广泛，主要课程有语言学概论、古代汉语、现代汉语、文学概论、中国古代文学史、中国现当代文学史、比较文学、中国古典文献学、外国文学史、民间文学、汉语史、语言学史学、美学、批评文学等，这些课程的设置，主要是为了让学生掌握汉语言文学教学的能力以及研究汉语言文学的能力，同时提高学生的文学修养，培养学生的文学评鉴能力、写作能力等。

1. 汉语言文学专业的性质解读

汉语言文学这个专业的性质是多样的，单从专业名称设置上就可以看出。在专业名称中，“语言”能够修饰“文学”，“文学”在这个名称中是中心词，“语言”和“文学”存在偏正关系。汉语言文学专业的相关性质如下：

（1）汉语言文学专业的语言性。在各类学科中，与语言相关的课程占据了相当大的比重。语言类课程作为一个总称，涵盖了诸如语言学和文字学等细分领域。在汉语言文学专业的课程架构里，语言类课程更是占据了举足轻重的地位。这些课程不仅包括现代汉语、古代汉语等各个层面的内容，还深入语言性质的研究，如文字学和训诂学等领域。因此，可以明确地说，汉语言文学专业具有显著的语言特性。

（2）汉语言文学专业的文学性。汉语言文学专业，除了鲜明的语言特点，还具备深厚的文学底蕴。其文学性集中体现在中国文学领域，占据了该专业课程设置的大半壁江山。中国文学，包括古代文学与现代文学，相关的课程种类繁多，且内容深度和学生学习要求各异。这些文学类课程涵盖国内外文学作品及文学史，但对于当代文学史，多数高校并未将其纳入教学范畴。总体来说，汉语言文学专业的文学性显著，甚至可以说是该专业最核心的特性。

（3）汉语言文学专业的文学教育性。除了以上两种性质，汉语言文学专业也有较强的文学教育性。文学教育性相关的课程具有较强的应用性和指导教育性，也具有一定的深刻性、理论性和研究性；这些课程的设置涉及美学、写作、文学等层面，其中写作层面的课程本身具有较强的应用性，而美学和文学层面的课程体现了理论性和深刻性。文学教育性是汉语言文学专业最深刻的性质，能够揭示其内在规律。

2. 汉语言文学学习的现实作用

在中国传统文化体系中，汉语言文学是非常重要的一部分。中国文学的开端是上古神话，从《诗经》到唐诗宋词，再到明清小说，再到当代文学。中国文字的开端是甲骨文，从金文到隶书，再到行书和楷书。无论是文学还是文字，都与传统文化紧密联系，相互契合。

随着中国国际地位和综合国力的不断提高，国外汉语言文学的学习热度也在不断高涨。目前，汉语在国际上有很高的学习热度，在很多国家已经成为第二外语，而且在很多国家设立了孔子学院和孔子课堂。汉语言文学的学习不仅促进中国传统文化的传播，对人的作用也是有目共睹的，主要体现在以下方面。

（1）促进学习者自身精神的充实。时代在不断进步和发展，但是汉语言文学这个专业越来越不受重视，而汉语言文学专业的价值是我们无法估计的，我们要了解汉语言文学专业具有的重要作用，汉语言文学的学习能够传播中华民族精神和文化，能够极大地促进我国的精神文明建设。学习汉语言文学，能够丰富学习者的精神世界，满足人们的精神追求，在人们黑暗的时光中提供光明和信仰。汉语言文学自身所具备的丰富的知识，能够开辟人们的精神世界。学习汉语言文学，能够帮助学习者找到自我和坚定内心，帮助学习者追求高尚的精神世界。

（2）促进学习者人文素养的提高。一个人具备的基本素质之一就是人文素养，人文素养也是人具备的价值观和行为准则。汉语言文学中涉及的儒学内容和唐诗宋词，都是中国传统文化中的优秀文学作品，其中蕴涵着中国古人们丰富的人生经验和古代伟人的哲学智慧。学习这些文学作品，能够极大地提高学习者的文学素养，借鉴一些人生哲理来解决生活中的难题和困惑。学习汉语言文学除了能够培养学生的文学修养，还能够培养学生写作、语言表达、文学鉴赏方面的能力。因此，学习汉语言文学能够促进学习者人文素养的提高。

（3）促进学习者道德品质的提高。文学作品中蕴涵着很多优秀的传统文化元素，能够对学习者起到文化熏陶、文化感染的积极作用，除此之外，也能够对人们的道德行为起到

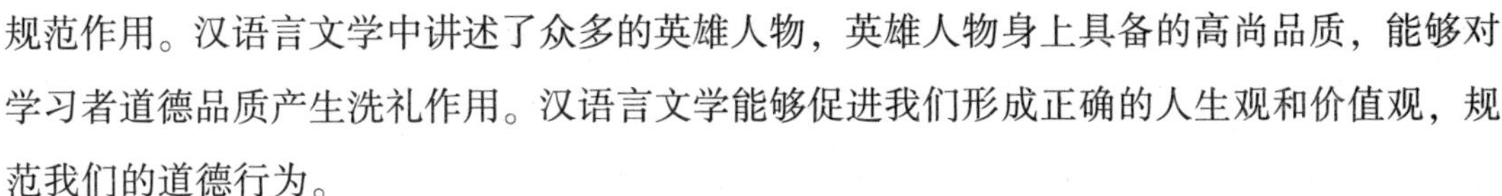

规范作用。汉语言文学中讲述了众多的英雄人物，英雄人物身上具备的高尚品质，能够对学习者道德品质产生洗礼作用。汉语言文学能够促进我们形成正确的人生观和价值观，规范我们的道德行为。

综上所述，汉语言文学学习具有重要的作用，也是现代素质教育的重要载体。学习汉语言文学，不仅能够促进中华民族传统文化的传承，而且对人的人文修养、正确价值观的树立、精神世界的丰富、社会的有序发展等发挥着极其重要的作用。

3. 汉语言文学专业的发展趋向

（1）汉语言文学专业发展的过程。在我国高等教育中，汉语言文学专业隶属于中文系，是中文系的主干专业，最早在北京大学中国中文系中设立这一专业。北京大学中国中文系的前身是京师大学堂中的中国文学。京师大学堂于 1910 年成立“中国文学门”，作为文科的一个教学建制正式设立。这是我国最早的中文系，是中国语言文学成为一门独立学科的标志，在此之后，北京师范大学中文系、复旦大学中文系等纷纷设立汉语言文学专业。

中华人民共和国成立后，随着高等教育规模的扩张和文化的重视，很多高校也都设立了汉语言文学专业，其中包括中国人民大学、华东师范大学、厦门大学、中央民族学院等，招生规模进一步扩大。但是，在 20 世纪六七十年代，汉语言文学专业的发展受到严重阻碍，直到 20 世纪 70 年代后期，这种情况才有所改变，汉语言文学又被重新重视起来。

当前，汉语言文学在国际领域的研究已具备一定规模。随着汉语及中国文化的不断进步与传播，吸引了大量研究人员的关注。众多国外高校纷纷设立中文系，部分国家甚至在中小学教育阶段就开展了汉语教育。这一国际交流平台有力地推动了我国传统文化的进步与传播。

改革开放 40 多年以来，汉语言文学又迎来了快速的发展，目前，国内综合性大学中基本上都开设了汉语文学专业，在很多院校中还开设了硕士点和博士点，为国家培养了大批的优秀人才。目前，我国的汉语言文学专业一般分为师范类和非师范类，其培养方式和目标是不同的，但是，专业课程设置上是基本一致的。师范类的比较重视教师职业素养的培养和教学能力的训练。

（2）汉语言文学专业发展的特点。国家、民族、社会的可持续发展离不开文化，文化是一切发展的根本动力。汉语言文学承载着发展和传播传统文化的历史使命，从汉语言文学的发展历程方面来看，其主要特征为以下方面：

第一，丰富的体裁。在汉语言文学的发展历程中，其体裁的丰富性和多样性令人叹为观止。在古代，汉语言文学的体裁主要包括诗歌、楚辞、唐诗、宋词和元曲等，这些体裁充分展现了汉语言文学的独特魅力和深厚底蕴。进入近代，汉语言文学的体裁进一步拓展，涵盖了小说、散文、戏剧等多种形式。与古代相比，近代汉语言文学在内涵和社会性方面有了更为显著的提升和深化。综上所述，汉语言文学的体裁之丰富是其发展历程中的一大特点。

第二，显著的阶段性。在中国历史长河中，随着各个朝代的交替，汉语言文学经历了诸多变迁。文学作品作为社会生活的镜像，自然映射出不同时代的特色和文风。自西周的《诗经》始，其内容多涉及爱情和风俗，至唐诗的多样化流派，再到宋词、元曲、明清小说，均揭示了文学体裁与朝代更迭之间的紧密关联，这也凸显了汉语言文学的阶段性发展特征。

第三，独特的文学流派。古代文学作品不仅描绘了当时的社会生活，也寄托了作者的思想感情和内心情绪，从而产生了不同的文学流派。如唐诗中，有山水田园诗派，主要描写的是山水，表达的是作者向往田园生活的思想感情，代表诗人有王维、孟浩然等；有边塞诗派，主要描写的是边塞生活和风景、战争等，代表诗人有王昌龄等。如宋词中，有婉约派，主要描写儿女情长，表现的是作者的柔婉之美，代表词人有柳永、李清照等；有豪放派，作品用词宏博、气势恢宏，代表词人有苏轼、辛弃疾等。不同的文学流派，反映了当时的潮流，推动了古代文学的发展。

二、汉语言文学教学体系的课程设置

（一）课程设置的要求

1. 课程设置要重视现代化

随着当今学科技术文化的迅速发展，人才的要求越来越高，在汉语言文学教学课程设置上要面向现代化，培养全面发展并且具有较高的综合素质，具有创新意识、创新精神和创新思维，符合和适应社会进步的复合型人才。对于汉语言文学专业而言，学科专业知识不可再以传统的知识为发展价值取向，应该在课程中纳入科技发展的一些新成就和基础学科的前沿知识，这样可以满足学生的知识更新，与此同时开阔他们的视野，学以致用的能力也会更加灵活。

2. 课程设置要重视实效化

追求课程的实效化是知识经济时代对人才的能力发展的要求，汉语言文学专业课程设

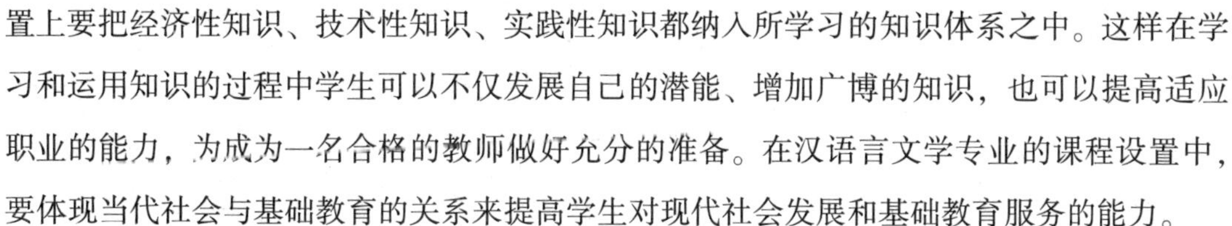

置上要把经济性知识、技术性知识、实践性知识都纳入所学习的知识体系之中。这样在学习和运用知识的过程中学生可以不仅发展自己的潜能、增加广博的知识，也可以提高适应职业的能力，为成为一名合格的教师做好充分的准备。在汉语言文学专业的课程设置中，要体现当代社会与基础教育的关系来提高学生对现代社会发展和基础教育服务的能力。

3. 课程设置要重视人本化

教育的目的就是促进人的发展，在汉语言文学教学的课程设置中应该加强纳入理科和操作技能方面的内容，不断完善汉语言文学师范专业课程设置中可能存在的重知识、重人文而轻实践、轻科学的不足，丰富课程的科学内涵，同时均衡提高学生的科学技能和人文素养，促进师生人格的和谐、全面发展。

4. 课程设置要重视多样化与通识化

要想提高学生的综合能力和拓宽知识面，就必须在汉语言文学课程设置中体现课程的多样化、通识化和综合化的趋势。课程的多样化可以满足不同学生的发展需要，一般开设在选修课程中较为合适。课程的通识化可以满足学生全面发展的需要，同时发展学生的人文素养和科学素养。综合化的课程可以满足社会发展的需要。这就需要在汉语言文学专业的课程设置上建立发达的选修课程体系，使得通识教育、学科教育和教师教育三方面能得到全面、和谐的发展。

5. 课程设置要重视教育见习与实习

教育见习和实习是提高学生教学实践能力、结合理论与实践的重要途径，不仅可以促进学生学习教育理论，从而提高自身的理论水平，还能使学生认识到教育理论对教育实践的重要作用。在制订汉语言文学课程教学计划的过程中需要做好调研工作，保障教育见习、教育实习有质有量地进行，加强与实习学校的合作，保障学生教学实践能力的提高。

（二）课程设置的重点

1. 课程内容要与学生联系密切

“汉语言文学专业课程设置应该坚持教化人格、传承文化、培养治事治学能力的教育理念”①，课程的内容设置上要与学生有更多的联系。在汉语言文学专业课程课堂教学中，一些教师可能仅从自己的知识储备来决定教学内容，远离社会和时代发展，部分课程内容

---

① 谢应光，王方. 通识教育背景下汉语言文学专业课程设置的理念与策略［J］. 国家教育行政学院学报，2012（1）：67.

与基础教育实际、与新课改的联系还需要加强。学校在部分教材的编写或选用上也需要更多地体现专业特点和学生特点。同时，部分教材的编写还需要体现对学生生理、心理特点和现有经验的关注，如内容的组织安排需要从学科自身知识体系的逻辑性、严谨性来考虑的基础上，增加灵活性和趣味性；理论阐释和案例分析的比重应该更加合理；要有利于激发学生的学习兴趣，有利于引导学生自学和探究。

2. 课程实施要以“学生”为主体

在汉语言文学专业的课堂教学方式上，有些课堂对于学生学习的主体性地位需要更加重视。学生的主体地位如果得不到充分重视，可能会导致被动学习状态，不利于调动学习的主动性和积极性。因此，在汉语言文学专业课程设置上，单纯的讲授式教学方法需要加以完善，更加凸显学生主体性的新型教学方式。

3. 课程评价须注重综合与全面

对于汉语言文学专业的学生，其课程评价内容、方法及主体等方面均须进行全面考量，以确保评价的准确性和公正性。在评价内容上，除了对理论知识的考察，还应注重对实践能力的评价，以培养学生的实际操作能力。在评价方法上，应将终结性的笔试与过程性评价相结合，充分考虑学生在学习过程中的态度、努力程度及进步情况，以便更全面地评价学生的学习成果。同时，应发挥学习评价的引导作用，促使学生发现自身不足并积极改进。在评价主体上，除了教师评价外，还应重视学生的自我评价和同学间的相互评价，以拓宽评价的维度和视角，提高评价的客观性和公正性。

三、汉语言文学课程教学体系的优化

（一）提高教师的教育素养

随着电教的飞速发展，汉语言文学教师应不断更新自己的教育理念，探索有效的教学新模式，从而适应电教学生专业学习的需要。

第一，确保教学与时俱进，完全符合人才发展的需求。我们注意到，有些教师在教学过程中，未能充分理解学术研究的重要性。他们长期沿用固定的教学思路和授课方式，无论教育环境和学生需求如何变化，都仅凭个人主观意愿开展教学活动，这是不可取的。为了提高汉语言文学教学的活力，教师们必须转变观念，真正做到以学生为中心。

第二，教师应具备先进的教学技能。在当今社会，我们更需要的是具备实际能力的专业人才。因此，教师也不能停留在过去的教学方式上，而应积极创新教学模式。他们应根

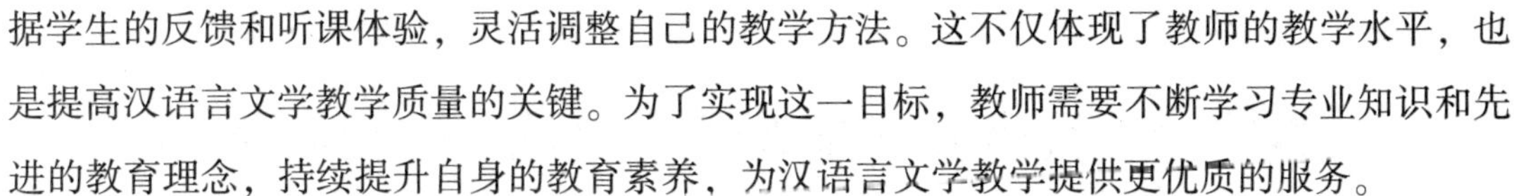

据学生的反馈和听课体验，灵活调整自己的教学方法。这不仅体现了教师的教学水平，也是提高汉语言文学教学质量的关键。为了实现这一目标，教师需要不断学习专业知识和先进的教育理念，持续提升自身的教育素养，为汉语言文学教学提供更优质的服务。

（二）强调理论与实践相结合

汉语言文学教育的本质就是提升学生的实际专业素养，知识必须运用于实践，才能真正发挥效用。汉语言文学教育应针对学生的职业发展，为学生社会岗位发展服务，为今后的工作奠定坚实的基础。例如，古代文学要注入一些作诗填词、对联创作的内容，写作学应注重结合学生职业用途而有所侧重，应注意学生读书笔记的写作，促使学生尝试创作，从而将所学知识应用于实践，更好地实现汉语言文学教育的价值。

（三）探索新颖多样的教学方式

汉语言文学教学中，教师应打破固有的教师传输讲授教学模式，充分激发学生的主体性，让学生们能够在课堂上积极思考、主动探讨，从而变被动接受知识为主动学习，在传统讲授式教学的基础上，为汉语言文学教学注入一些新的活力。

第一，开展生本讲授式教学，通过预留学习任务，引导学生课前准备相关内容，然后在课堂上扮演“老师”的角色，将自己对知识的理解展示给老师和同学们，这对讲授者是一种锻炼，同时也会使其他同学感受到与教师讲解不同的东西，最后教师再进行纠正和补充，这样教学课堂便会呈现无限的开放性特征，学生也会更集中注意力地学习。

第二，采取合作学习的教学方式。在汉语言文学教学方面，教师应进行全面规划，有效组织班级学生进行分组协作。通过合理分配任务，确保每个小组内部的成员能够各司其职、相互配合，共同完成资料收集、问题分析、课堂发言及答疑解惑等环节。这样，小组便能够形成一个有机整体，提高学习效率。最终，各小组在课堂上进行成果展示，不同小组之间的交流与讨论将激发出更多的智慧火花，使教学更具深度和广度。

第三，进行多媒体情境式教学。在汉语言文学的教育过程中，教师应高度重视多媒体技术的应用。通过影像、声音等多种媒介，使抽象的知识变得更为具象且富有趣味性，营造出一种极为真实的情境。尤其是在涉及古代文学与现当代文学的内容时，恰当插入相关视频和资料，能充分发挥多媒体教学的优势。这种教学方式能有效地吸引学生的注意力，激发他们对汉语言文学的热情，并增强他们的情感体验，从而更积极地参与课堂活动。

第四节　汉语言文学教学中的核心理论研究

一、汉语言文学教学中的文学本质论

汉语言文学教学中的文学本质论主要探讨的是文学的本质属性，即“文学是什么”，以及文学在人类社会和文化中的地位和作用。在汉语言文学教学中，文学本质论通常被视为一个重要的理论框架，用于指导学生理解和分析文学作品。文学本质论还涉及对文学作品的评价和鉴赏。教师会指导学生从作品的主题、语言、结构、形象、象征等方面入手，深入挖掘作品的艺术价值和思想内涵。同时，教师还会引导学生关注文学作品所反映的社会历史背景和文化传统，理解文学作品在人类文化传承和发展中的作用。

（一）作品与文学的本质分析

“作品”作为作家创作的结果，必定会以某种特定的方式显现出来，即要以特定的物质化的方式存在。从一般的文学事实出发可以发现，文学“作品”最直接的物质存在方式是“语言”和“文字”。人类的语言是以语音、词汇、语法等要素构成的一个符号和意义的表达系统，它依托的物质表达形式是人类的语音，世界各民族都曾经有过以语言来表达的“口头文学”作品。“文字是记录语言的符号系统，文字所依托的物质形式是文字符号（如象形文字和拼音文字等），及其记载媒体（如青铜、石头、泥版、简牍、纸张等）”[①]。人类进入文明社会以后，文字成了大多数民族文学表达的物质形式。以文字记录下来的语言所表达的内容和意义，在文学理论中被称为“文本”。从这个意义上看，文学作品最直接的物质存在方式是由语言和文字形成的“文本”。文本所依托的物质传达方式和传播方式，在人类社会中是不断变化和发展着的，在近现代则与科学技术的发展有着紧密关系。

着眼于文学与“作品”的关系来理解文学的本质，或者建构关于文学本质的理论，在不同的文学理论传统中都有先例，它们往往具有一些共同的理论关注点：语言文字本身的表现能力，语言文字作为符号系统的特征与功能，语言文字与意义之间的关系，文本结构与意义之间的关系等。以“作品”为中心来理解文学本质的理论，经常被叫作“作品中心论”。

---

① 田喆，刘珊，石瑾. 汉语言文学导论［M］. 长春：吉林文史出版社，2019：4.

在中国古典形态的文学理论传统中，一直都存在对语言文字表达意义之可能性问题的关注，也有对语言文字表达的形式之美的关注。《周易·系辞上》说到过“子曰：‘书不尽言，言不尽意’”，以及“圣人立象以尽意，设卦以尽情伪，系辞焉以尽其言”。在后来对《周易》的研究中，“言”“象”“意”之间的关系成了理论讨论的重要议题。魏晋时期的“言意之辨”，则把“言”与“意”之间关系的讨论提升到了哲学层面。《论语》《左传》《礼记》等儒家经典都关注过“文”与“质”的关系，即文采修饰与表达内容之间的关系，这构成了儒家文学思想的重要命题之一。《老子》和《庄子》关注过有限的、可表达之“言”与无限的、不可表达之“意”和“道”的问题，提出过“言不尽意”“得意忘言”等命题，它们构成了道家文学思想传统中的重要命题之一。齐梁时代的刘勰在《文心雕龙》中沿袭儒家文学思想的理路，也讨论过语言文字与表达内容、意义之间的关系，提出过“形文”“声文”“情文”的概念。魏晋南北朝时期，受佛经翻译的影响，人们注意到了语言文字音律之美的规则，为中国古代文学理论中形式美理论的产生提供了契机。

在南朝时期，文人沈约提出了著名的“四声八病”说，这一理论主要探讨音律之美，并为后来的诗词韵律理论构建了坚实的基础。在中国古代文论中，受佛教禅宗的影响，出现了一种将禅宗的哲理融入诗歌理论的思潮。其中，一个重要的议题便是语言所不能完全表达的“言外之意”。在唐代，皎然、司空图以及宋代的严羽等人均沿着“以禅喻诗”的思路，对语言文字如何表达意义的问题提出了独到的见解。总体而言，中国古代文论对文学“作品”的探讨，主要集中在语言与意义的关系方面。除此之外，对于“作品”的关注还体现在对“文体”（体裁）的探讨上。从曹丕、陆机到刘勰、萧统等人，都为文体理论的发展做出了杰出的贡献。

在西方古代文论中，对“作品”问题的关注主要体现在修辞学这一领域。自亚里士多德以来，修辞学的传统经过了西塞罗、朗吉努斯、昆体良等历代学者的传承，一直延续至十七八世纪的现代早期。修辞学的原始定义是演讲术，最初是作为培养治理国家的贵族男青年的学习课程在古希腊学院中开设，后来在中世纪被纳入教会学校的课程体系。该学科主要包括演讲稿的写作与演讲中的表演两个方面，其中关于写作部分的理论，与现代文学理论中关于“作品”和“文本”的讨论紧密相关。

在修辞学的传统中，语言表达的问题占据着至关重要的地位。对于语言表达的基本要求，须确保其切合立意、选材、目的和功用以及情感的运用等多个方面。值得注意的是，由于历史原因，西方世界的修辞学传统中有部分文献是由阿拉伯世界的学者保存下来的，这些文献中的阐释自然也融入了阿拉伯学者们的智慧贡献。

从18世纪晚期到20世纪上半叶，随着文学理论受到审美主义和科学主义的冲击，各种以“作品”和“文本”为中心的形式主义文学理论应运而生。这些理论的共同特点在于背离了模仿论的传统，并力求将文学文本与社会、语境、意识形态和价值评判等元素割裂开来。它们主张深入文本的语言、结构之中探寻意义产生的根源，并将“文本”视为一个独立的客体进行研究。然而，这种研究方法存在明显的弊端，例如割断了文学作品与作家、读者、社会、语境和价值观等之间的联系，将作品的意义局限在由语言文字构成的文本框架内。

另外，由于深受科学主义思潮的影响，各种形式主义理论片面追求所谓的“科学性”和“价值中立”，从而排斥了价值立场和评判。这种做法显然与文学创作的宗旨和社会功能背道而驰。

（二）世界与文学的本质分析

人类的文学活动不仅要以世界作为依托，而且也要以世界作为表现的重要内容。在这里，我们首先要明确，应当从更广泛的意义上去理解“世界”的含义。大凡自然界的山川秀色、天文地理、动物植物、四季交替，人类社会的历史和时代事件、错综复杂的人际关系，乃至个人的内心深处和梦幻奇境，都可以囊括在“世界”的范围之中。在中国古代文论和艺术理论中，往往会讲到“心”与“物”的关系，“物”这个概念大体上可以看成是我们今天所说的“世界”。在西方哲学和理论传统中，有“主体”和“客体”这一对概念，“客体”在某种程度上也可以看成是“世界”。

尽管不同传统和理论之间存在差异，但从“世界”出发建构的文学本质观的共同特点在于：认为文学的本质是对“世界”的反映，“世界”的面貌决定了文学或作品的面貌，文学的本质在根本上离不开与“世界”的关系。

在中国文学理论的传统中，注重从“世界”角度来理解文学本质的观点，一般被称为“再现”论。这一理论脉络从古到今贯穿始终。《周易·系辞下》讲到过包牺氏（伏羲）创立“八卦”时的仰观天象、俯察地貌、观鸟兽之文。这虽然不是在讨论文学和文学的本质，但其中涉及了文化创造与自然现象之间的密切关系。汉代董仲舒在《春秋繁露》里从哲学和政治学角度提出过“天人感应”学说，这一学说被纳入儒家思想体系，对古人的理论思维方式产生过重要影响。

在齐梁时代，刘勰在《文心雕龙·原道》中，深刻地阐述了天地宇宙之“道”与文章之间的“源”与“流”的逻辑关系，清晰地揭示了“世界”与“文章之学”之间的逻辑纽带。同时，梁代钟嵘在《诗品序》中，也强调了五言诗的产生与自然界和人间世事的紧密联系。他指出，春花秋月、夏云暑雨以及人世间的悲欢离合等自然与人事现象，是五言诗创作的重要源泉。此外，清代叶燮在《原诗》中，将诗歌的根源归结为“理”“事”“情”三个方面，进一步揭示了诗歌的真实性与理、事、情的内在联系。而毛泽东在《在延安文艺座谈会上的讲话》中，明确提出了“反映论”的文学本质观，认为文学是社会生活的反映。这一观点对新中国成立以来的文艺理论产生了深远的影响。

在西方古典诗学中，“模仿说”占据着支配地位，其核心思想是文学的本质是对“世界”的模仿。在两千多年的历史长河中，虽然存在内涵不同的分支，但它们都强调了文学的模仿性质。柏拉图在《理想国》中提出了“洞穴”理论和“三张床”理论，认为文艺是对现实的模仿，而现实又是对“理念”和“真理”的模仿。亚里士多德在《诗学》中认为悲剧是按照“必然律”和“可然律”进行模仿的，因此比历史更高，更具有哲学意味。文艺复兴时期的著名画家达·芬奇提出了“镜子说”，认为画家的任务是拿着“镜子”去映照自然，强调模仿的逼真性。这些理论都表明了模仿与“真理”之间的关系，并强调了文学和艺术的模仿性质。

从文学与“世界”的关系角度提出的文学本质观，不时面临着来自各个方面的挑战。首先遭遇到挑战的是其核心理念“真实性”的问题。争论的焦点往往集中在诗与哲学哪个更接近“真理”，以及“真实性”的含义（表面的真实、本质的真实、内心的真实等）。其次受到挑战的是“世界”与文学之间的关系问题，即它们的关系到底是直接的，还是存在其他中间环节。最后是作家在文学与“世界”关系中的地位问题，作家仅仅是被动地模仿“世界”、自然，还是在创作中处于独立自主的主体地位，自然世界和社会生活的内容是否要经过作家心灵的消化与过滤。这些争论和挑战触及了“再现论”和“模仿说”由于受到视点的限制而出现的“盲点”。它们揭示出来的问题是：任何一种理论在采取某种特定“视点”之时，必定会有所遮蔽。这恰好说明了理论总是有限度的，难以兼顾各种不同的“视点”，也难以做到囊括一切事实。

（三）作者与文学的本质分析

作者即写作文学作品的人，也被叫作文学创作的“主体”。在中国古代，文学理论往往比较看重作者的道德修养和情性的表达，作者个人写作的价值总是与更大的治国、安邦、平天下的使命联系在一起。在西方世界，从 18 世纪晚期启蒙运动和浪漫主义运动以来被奉为“天才”和具有“主体性”的“创造者”，是现代文学理论中的“作者”概念。但实际上，文学作者的身份在历史上一直处于变化之中，从口头传说的无名作者，到模仿者，再到“天才”和享有“权威”“荣耀”与“知识产权”的个人，这些都与社会转型和风气的变化有关。简言之，在启蒙运动之前，作者的地位不高与柏拉图思想贬低感性、抬高理性有关，此后，西方的主体性哲学和审美主义思潮的崛起，把作者地位提升到了一个前所未有的高度。到后现代时期，则出现了解构作者头上的各种“光环”的趋势。因此，作者的现代概念与过去的概念之间存在很大的差别，作者的身份始终处于变化之中。

以文学创作者为中心来探究文学本质的观点，被称为“作者中心论”。该观点以现代的作者概念为基础，既强调作者在文学创作中的主导地位和独特才华，又将文学的本质和创作源泉归结为作者的个性和灵感。因此，西方现代文学理论中广泛认同的“表现论”认为，文学的本质是作者内在“主体性”的表现，或者说是作者的个人情感表达。这里所指的“主体性”，借鉴了现代哲学中的概念，主要指作者的自主性，其中“自由”是其核心内涵。中国当代的文学理论在一定程度上受到了这种重视“主体性”观念的影响，将关注点放在表现作者内心世界（如“志”与“情”）的理论称为“表现论”。

在中国古代文论中，的确存在关注表现作者内心世界的理论传统。人们一般认为，这种传统主要体现在诗歌理论中的“言志”说与“缘情”说。“言志”说最早见于《尚书·舜典》中的“诗言志，歌永言”。朱自清先生认为，“诗言志”是中国古代诗论“开山的纲领”①。及至汉代毛苌在《毛诗序》中提出“诗者，志之所之也，在心为志，发言为诗”，此后，“言志”说几乎就成了中国古代诗歌理论中的“正统”理论。“志”在古代诗人那里，是与社会和政治秩序相联系的一种怀抱和情意指向，较少带有现代理论所注重的个人性和一己情怀。《毛诗序》在提及“言志”时，也说到了“情动于中而形于言”，但把强调的重点放在了“言志”之上。西晋时期的陆机在《文赋》中明确提出“诗缘情而绮靡”的观点，显然不同于以表达家国大事为主的正统理论“诗言志”。不过，也需要注意到，即便是“吟咏情性”，同样也有与家国大事相联系的豪迈之情，和与个人心境相联系的一己私情，不能简单地把“缘情”等同于现代文学理论中的“自我表现”和情感表达。明代李贽的“童心”说，公安派的“独抒性灵”说，清代袁枚的“性灵”说，其实都强调了对个人“情性”的表达和抒发。中国近代的“表现论”，大多带有受到西方现代文学理论影响的痕迹。

在西方文学理论的发展历程中，柏拉图的理论影响深远且长久，其支配地位直至18世纪晚期才受到挑战。作为对这一支配地位的反叛，“表现说”逐渐崭露头角，成为现代文学理论中的主导观点。在这一过程中，浪漫主义诗人群体积极推动这一潮流，他们不仅主张诗歌应与哲学相抗衡，认为诗歌有能力表达真理，还极力为自己戴上诸如“天才”等

① 朱自清. 朱自清说诗［M］. 上海：上海古籍出版社，1998：1.

荣誉之冠。英国的浪漫派诗人济慈、华兹华斯、雪莱，法国的浪漫派诗人拉马丁，以及德国的浪漫派诗人诺瓦利斯等，都是这一潮流的重要推动者。其中，华兹华斯的观点最具代表性，他在《〈抒情歌谣集〉序》中提出的“诗是强烈情感的自然流露”，已成为现代诗歌理论中“表现论”的标志性观点。此外，中国美学家朱光潜先生也曾大力推崇意大利理论家克罗齐的“直觉表现说”，然而，克罗齐的观点与浪漫派诗人的自我抬高并无直接关联。

此外，从 19 世纪后期到 20 世纪早期，西方世界兴起了一股对抗以黑格尔为代表的理性主义的生命哲学思潮，其代表人物有丹麦哲学家克尔凯郭尔、德国哲学家叔本华和尼采、法国哲学家柏格森、奥地利心理学家弗洛伊德等人。他们强调生命意志和生命活动的本能冲动，强调非理性力量的作用，认为文艺不过是生命活动本能间接的或者曲折的表现，并不是作者在理性支配下的产物。在这股非理性主义的生命哲学思潮影响下出现的文学理论，虽然有时也被冠以“表现论”的标签，其实与浪漫派所倡导的“表现论”并非出自一路。

基于“作者中心论”的“表现论”文学本质观，借助“主体性”哲学理论，旨在颠覆柏拉图主义，高扬个性、情感、天才，提升诗人的地位。此后，诗人被赋予了各种荣耀和权威，这与法权和个人权利、地位相结合。然而，这种西方现代文学思潮与一般意义上的“表现论”存在显著差异。受非理性主义思潮影响的生命哲学导向下的“表现论”也有相似之处。尽管一般意义上的“表现论”强调作者的自主性和自由在创作中的重要性，赋予作者主导地位一定的合理性，但简单套用哲学上的“主体性”来阐述文学上的“表现论”并不完全恰当。我们必须认识到，作者作为社会人，其“自主性”和“自由”不可避免地受到社会关系网络中物质性、经济关系、政治立场、思想倾向和生存处境的制约。此外，需要强调的是，“表现”并不仅限于情感的表现。

（四）读者与文学的本质分析

现代文学理论中的“读者”概念，具有多种不同的含义，它可以指文学作品的一般读者，文学作品的鉴赏者，也可以指文学作品的批评者和研究者。但是，无论是哪种意义上的读者，从理论的关注点上说，焦点都在于“读者”与“作品”之间的关系，具体而言，就是“读者”如何接受和理解“作品”所传达的内容与意义。以此为标杆，可以划分出传统文学理论的读者观和现代文学理论的读者观：传统文学理论大多没有注意到读者在阅读文学作品活动中的积极作用，往往把读者看成是消极的和被动的接受者；现代文学理论注意到了读者在阅读活动中的主动性和积极参与，乃至认为文学作品是作者与读者共同创造的。

以"读者"为文学核心的观点，称为"读者中心论"。按照现代文学理论的见解，我们可将"读者"定位为文学作品的参与创造者及消费主体。现代的"读者中心论"受到哲学阐释学等理论的影响，从多个角度和层面突显了读者在解读文学作品中的积极作用。随着西方文学理论的引入，中国当代文学理论中的"读者"论也受到了一定的西方理论影响。然而，这并不代表中国古代文论中缺乏关于读者的观点和理论。

早在先秦时期，《论语·季氏》便有"不学诗，无以言"之论，意指通过阅读和学习《诗经》，可有效提升人的理解与表达能力。孟子提出了一种理解文本的方法，即"以意逆志"，强调在理解文本时，应以读者之意去揣测诗人之志，这实际上是鼓励读者积极参与文本意义的理解。汉代学者董仲舒在《春秋繁露》中提出了"诗无达诂"的观点，这一观点突显了不同读者在解读诗歌时的差异性，它隐含着读者会将自身的"先入之见"融入对诗歌的理解中。这一观点与西方现代阐释学颇为相似。齐梁时代的刘勰在《文心雕龙·知音》中提出"观文者披文以入情"的观点，并提出了观察位体、置辞、通变、奇正、事义、宫商的"六观"说。刘勰强调了读者在阅读活动中的主动参与性。值得注意的是，刘勰所言的"知音"，并非泛泛之辈，而是指具有深厚文学修养的读者。梁代的钟嵘在《诗品序》中认为，好的诗歌应使"味之者无极，闻之者动心"，这从不同角度揭示了读者体味和聆听的不同层次。明代汤显祖、清代李渔和王夫之等人均从不同角度关注了读者在阅读活动中的多元需求、差异性和主动性。这些观点均表明，中国古代文论对于阅读活动和读者有着独特的理论见解，其在理论形态和表达方式上与西方理论截然不同。

在西方古代文学理论中，我们还是可以发现一些理论家涉及过读者阅读的问题。古希腊的亚里士多德在《诗学》中就悲剧的效果提出过"净化"说，他对此进行的阐述隐含着他对读者在阅读活动中的作用的认识。古罗马的贺拉斯在《诗艺》中曾提出"寓教于乐"的观点，实际上注意到了诗歌读者在阅读活动中的愉悦需求。在西方传统的修辞学理论中，非常强调演说对于听众的说服效果，这表明了相关的修辞学理论并未把听众当成消极的和被动的接受者，而是认为他们对于演说的内容有着自己的辨别力和判断力。

19世纪的俄国文学评论家别林斯基曾经提出过著名的"一千个读者有一千个哈姆雷特"的观点，此后这个观点被广泛援引，用以说明不同读者在阅读理解中的差异性。从18世纪哲学阐释学的产生开始，西方文学理论中的"读者论"开始出现转折性的变化，读者被推到了理论的前台，他们在阅读活动中的作用得到了凸显，由此催生了各种现代的读者理论。

德国哲学家施莱尔马赫和狄尔泰等人为现代哲学阐释学的诞生做出过贡献，他们使阐释学脱离具体的学科门类成为一般的方法论，而20世纪的德国哲学家海德格尔则将阐释学从方法论和认识论转变为本体论哲学。德国哲学家伽达默尔提出的阐释学理论，对现代文学阐释学生产过重要影响，该理论认为，读者在阅读活动之前的"前见"具有必然性与合理性，读者的阅读活动实质上是一个"视域融合"的过程，即文本的视域与读者的视域通过阅读活动不断地融合，每一次融合的结果又构成下一次阅读理解的起点。20世纪接受美学的代表人物姚斯和伊瑟尔也对现代读者理论做出过贡献，他们的观点是，读者阅读之前的"期待视野"决定了读者阅读理解的可能性，也对其阅读活动构成了限制。读者从阅读活动中能够理解多少东西，取决于其"期待视野"的限度。因此，对"期待视野"的研究，就成了接受美学的主要任务。伊瑟尔提出的关键概念是文本的"召唤结构"，其含义是指文本特殊的构成能够不断唤起读者填补文本留下的"空白"和"未定点"，因而，文学作品产生于读者在阅读文本时的填空活动，读者的阅读活动是一种将文本具体化的再创造行为。读者反应批评的代表人物、美国学者斯坦利·费什把读者的阅读活动归结为"阐释共同体"的决定作用，认为应当重视文本话语在读者心中所产生的"心理效果"。

西方读者理论对于现代文学有着深远的影响。这些理论深入剖析了读者在文学阅读中的复杂性和限制因素，并关注了影响读者理解的社会、历史和个体因素。它们强调阅读是一个互动的过程，其中读者对文本进行再创造。这些观点不仅颠覆了传统文学理论对读者的简单理解，也改变了现代文学理论对"作品"的认知。在现代读者理论的视角下，"作品"不仅是物质性的文本实体，而且是读者阅读活动的产物。然而，若过分强调读者在阅读中的再创造作用，而忽视文本意义由多种因素共同决定，包括社会、历史、作者等，那么现代读者理论的有效性将受到质疑。因此，在解读文本时，我们应全面考虑各种因素，以确保理论解释的严谨性和准确性。

二、汉语言文学教学中的文学作品论

文学作品是作家审美体验的对象化、物态化，是鲜活感性的符号化形式，是人类精神超越性的存在。在中外文论史上，文论家们从诸多角度来理解和阐释文学作品的构成问题。

在中国传统文论中，文学被视作作家内心思想、情感、人格、志趣、精神的物质化体现。针对文学作品的构成问题，我们常常从创作的动态性角度进行深入探讨，具体涉及各构成要素的运动与变化关系，以及创作主体由内而外的意志投射等。在此基础上，形成了文与质、言与意、形与神等辩证统一的关系。在这些关系中，传统文论更侧重于关注"质""意"和"神"，并力图将其作为主导因素，从而引发和生成有形的文字。然而，这些观念并未阻碍中国古代文论对形式美的追求。例如，在文学创作中，我们发现对骈偶形式的推崇；齐梁时期则提出了“四声说”和“八病说”等具有民族特色的形式观点。

西方文论认为，艺术形式是实体世界的具体化、丰富化、形式化，是客观规律性与主观目的性的统一。在《六概念史》中，波兰美学家托塔克维兹分析了艺术的存在方式——“形式”，他认为“形式”一词出自中古拉丁文的“形状”，这与古代希腊文“式样”“……理念”等相关，该词来源的模糊性使“形式”这一概念的规定带有歧义性，出现了不同的形式理论。概括而言，“形式”一词在西方美学史中至少有五种含义，包括亚里士多德的实体存在（本体）形式、与元素相对立的排列形式、与内容相对应的外形式、与材料相对应的形状形式，以及康德的“与主体对知觉客体的把握的先验形式”。这些含义的形成与变化，呈现出西方从古希腊到当代理解艺术作品形式与内容关系的历史脉络。

在西方，一般把文学作品当作“客观存在”进行研究，注重文学构成中各要素的逻辑关系。古希腊美学认为，文学作品的本体论是偏重形式的。柏拉图认为“理念即形式”，形式是最真实的本体。亚里士多德在《形而上学》中指出，形式是事物的本体，艺术作品的美在于有头有尾的整一性。这种整一性既是形式的，又是内容的，是它们之间的一种契合。近代西方美学对艺术作品本体论的认识则显示出形式和内容的对立与分裂。在黑格尔那里，文学作品的内容与形式成为互相对立统一的两部分，并形成了三种主要的形态：形式大于内容为象征型艺术，形式与内容完美结合为古典型艺术，内容大于形式为浪漫型艺术。

在当今时代，哲学家正努力调和内容与形式的二元对立，以消解作品本体所面临的两分局面。在形式主义思潮之后，诸如结构主义、文学阐释学、文学现象学、接受美学、后结构主义等学派，均已转变研究方向，不再从内容角度探讨文学作品的构成。结构主义致力于探究作品深层结构与人类心理深层结构的对应关系，从而替代传统的内容与形式的辩证关系，深入挖掘内容背后的深层次意蕴。新批评的作品本体论则基于作品的抽象与具体关系，强调通过语言分析来揭示作品的本意。

此外，兰色姆的“结构—肌质说”、弗洛伊德的心理分析、弗莱的神话分析、罗兰·巴特的文学分析以及英伽登的艺术作品现象学分析等，均从不同角度对文学作品的本体论进行了深入研究。这些研究显示，文学研究已从外部研究转向内部研究，成为20世纪文论的热门话题。可以断言，文学作品本体论明显倾向于形式研究。在他们看来，“内容”这一词汇不仅涵盖具体形象，还包括逻辑、理念、伦理社会、历史等非艺术因素。因此，学者们将研究焦点放在作品本体层面上，从不同视角挖掘语音学、文化学、心理学和文学等的深层结构。形式不再仅仅是内容的载体，而是成为作品的核心内容。

需要注意的是，在接受美学看来，文学的构成从来就不是作品单方面的，读者的阅读行为是构成文学的重要部分。一方面，读者并非消极被动地接受作品的内容，而是带着自己独特的个人文化背景与“期待视野”来阅读，这种阅读的效果会有千变万化的结果和阐释意义；另一方面，那些将批评的重点放在对作家本意的追寻或者作品意义推敲的研究，是不能够真正走进文学本身的，真正的文学需要有具体读者的参与。因此，研究读者的心理活动与接受方式及其与文学作品之间的关系，也是他们新的研究方向。在这些方面，德国的加达默尔、法国的杜夫海纳、德国的尧斯等都曾做过深入的研究。

在后现代时期，所有坚固的观念和结构都开始动摇和消散。人的深层心理构造并不是永恒不变的，而是由各种社会现实所塑造的。以法国德里达为代表的解构主义思潮，致力于消解西方长期以来的逻各斯中心主义。由于每个词语都具有多面性，因此文本中的任何词汇和概念可以被其对立面所替换。通过这种“技术”，本书所倡导的客观性也就被瓦解了（这正是德里达所谓的“危险的替补”）。德里达敏锐地指出了语言和词汇在表达文本意义上的根本缺陷，并指出语言和文本的独立性导致了传统上对非语言实体真实性的信赖（如真理）的崩溃。每一个词语既是其本身，又在阅读中产生变化。在阅读过程中，我们往往会选择某个词的确定意义而忽视其他意义，这种选择实际上开启了该词的其他意义。语言的这种缺陷是永恒存在的。美国的文学批评家如卡勒、米勒、保罗·德·曼等，都曾将这一理论应用于文学批评领域，使得文学本身变得不确定，并使得任何边缘因素都有可能参与文学的构建。整个艺术史是艺术作品存在形式不断嬗变和扬弃的历史。在当代文论看来，文学作品是一个多层次逐渐指向深层结构的整体。这种深层结构和形象系统的建构是作家独特的、不可重复的，蕴含了生命体验和自我生存价值的确证。

（一）文学作品的内容与形式解读

“内容”和“形式”是哲学上探讨事物构成的基本范畴。无论是自然界，还是人类社会，事物都有其内容和形式，都是两者的统一体。所谓内容，指的是构成事物内在要素的总和；所谓形式，指的是事物内在要素的组织、结构或表现形态，是事物存在的方式。

在中国传统文论中，虽然没有统一的关于文学构成的理论，但早在春秋时代，孔子就曾对文学的构成有过论述。在《论语·雍也》中，他说：“质胜文则野，文胜质则史。文质彬彬，然后君子。”内容与形式是以“文”和“质”的概念来表达的：把事物内在的实质看作“质”；把事物表现于外在的、直观可见的、有章可循的表象看作“文”，孔子强调文质并重。然而另一方面，孔子在一定程度上又单独强调了“质”的重要性。如在《论语·先进》中，他说：“先进于礼乐，野人也；后进于礼乐，君子也。如用之，则吾从先进。”从这里可以看出，孔子对脱离个人内心修养而片面追求外在空洞形式的厌恶。此外，从《周易·系辞》中演变出的“言、象、意”之间的关系，不仅涉及儒家对《易经》的观点，还涉及庄子对“言”和“象”关系不同于儒家的观点。直到魏晋时期，王弼在《周易略例》一文中对这个问题做了折中式的总结，成为此问题的经典论述。但此后关于“言、象、意”的讨论仍是层出不穷。再者，在传统文论中还有“形”“神”关系论。

在先秦，庄子认为有生于无，有形之物生于无形之道。汉代的思想虽然强调了形与神对事物构成的作用，但仍偏重神，以神为主导。到了魏晋时期，出现了“形谢则神灭”（范缜《神灭论》）与“形尽神不灭”（主要为佛教所倡导）的争论，在文论上表现为“巧构形似”“贵尚巧似”（钟嵘《诗品》）的重形论。到了唐末，从司空图开始引发了反对形似的文学倾向，提出了“超以象外，得其环中”（司空图《诗品·雄浑》），使其后的诗文、小说、戏曲理论都开始以重意境、重传神为主要的审美趋向了。

从内容与形式的辩证关系来理解文学作品的构成，亦是西方古典哲学和美学体系以及新中国成立以来文学理论界的主要导向。较早论述内容与形式有着不可分割的辩证关系的是德国哲学家黑格尔，他清理了一般观念中把内容看作独立于形式之外的东西，把艺术的形式看作艺术成熟的重要标志之一。同时，他从亚里士多德的“四因”说出发，分辨了内容与材料的不同：材料是没有包括成熟形式在自身之内的。

新中国成立以来的文学理论教程基本上沿袭了苏联的做法（认为内容与形式是对立统一的，两者在一定条件下可以相互转化。作为一种内容的形式可以成为另一种形式的内容，反之亦然，它们贯穿于事物发展的始终）。在讲述文学作品的内容时，把思想情感看作是与现实生活同样重要的方面，并加入了“人”的因素；在讲述形式时，把形式看作是动态的生成维度，这与中国传统文论注重创作有着一定的继承性。

在西方，有的文论将内容与形式完全等同，有的则将二者割裂，甚至把内容还原成材料。例如，俄国形式主义认为，文学研究的对象是文学作品本身，要探寻文学自身的特性、规律和独立自主性，即“文学性”。雷·韦勒克和奥·沃伦在他们编写的《文学理论》中认为，从文学作品的多层次存在方式及层次系统出发，上述二分法过于简单。他们关注的焦点是20世纪的结构主义，注重文学作品的多层结构及其相互关系。而佛克马等编著的《二十世纪文学理论》则对从俄国形式主义到结构主义的文学构成观做了较为清晰的勾勒，展现了从形式角度来看待文学作品构成的另一派图景。

总而言之，在文学作品中，内容和形式互相依存，作家根据一定的内容选择相应的形式。当然，形式也具有相对独立性。它们之间二者合一才是丰富的、充满灵性的。

（二）文学作品的内容要素分析

文学作品的内容指作品中表现出的渗透着作家思想情感、认识评价的社会生活等，主要包括题材与素材、主题与情节、人物与环境、形象与情感。

题材有广义和狭义之分。广义的题材是指文学创作的取材范围，文学作品反映的社会领域，如历史题材、工业题材、农村题材、商业题材、军事题材、爱情题材等。狭义的题材是指作品中表现出的、经由作家在审美体验的基础上对素材进行加工、改造、提炼后的社会生活现象、心理意象、象征等。题材不同于素材。素材是作家接触到的、未经加工的原始生活材料，题材则是在素材的基础上加工而成的作品内容。题材在作品的内容中具有重要作用，是“构成已被规定了的作品内容的基本材料，是作品内容的基础”①。因体裁的不同，作品的题材有不同的构成特点：抒情类作品以情感表现为核心，叙事类作品则以人物塑造为核心。题材的形成离不开作家生活实践和世界观的制约，是作家从积累的创作素材中提炼加工而成。通常，我们把社会生活看作是题材的主要来源。但一些文学研究者也指出，题材虽然与一定的社会生活相关，但更多地却与“母题”相关，如俄国形式主义者。“母题”源于民间文学、民俗学研究，在文学作品中指的是不断以文学形式出现的、人类所面临的种种问题，是最简单的叙述单位，形象地回答了原始头脑或生活中的各种问题。例如，各种关于日食、月食的神话，各类有关民俗的传说等。

情感是构成文学作品内容的另一个重要因素，它充分体现了文学创作中作家的个人因素，这使得作品成为独特的、具体的现实存在，也是文学区别于以普遍性为对象的哲学或科学的重要特征。人类情感无所不在，任何艺术作品都无法脱离情感，即使是“不动声色”，这本身也是一种情感。

不过在西方文论的传统中，一直对“情感”这一要素的阐释不够到位。直到启蒙运动以后，由于人性的进一步觉醒，近代哲学出现了人文上的转折，情感这一要素才逐渐受到广泛的重视和深入的研究。例如，康德既承认审美意象是一种想象力所形成的形象显现，同时又将审美判断力与情感相连，认为情感可以使认识能力生动起来。18 世纪中叶，鲍姆嘉通创立美学，试图建立一种以人的感性为研究对象的科学。但在他的理论中，感性和情感仍然是“初级的”，还有待于提升到理性的高度上去。

在试图回归自然、情感，寻求完美人性的浪漫主义者那里，情感受到了空前重视。浪漫主义强调情感的自然流露，强调直抒胸臆。情感不仅是作家个人激情与自由意志的表

---

① 王朝闻．美学概论［M］．北京：人民出版社，1981：208.

达，更是一种来源于人本身的、前所未有的创造力，它使主体逐渐摆脱理念的约束。20世纪的表现论是西方最为重要的艺术理论之一，其基本内容是阐明艺术的本质在于情感表现。克罗齐直接把艺术归结为直觉，把直觉归结为情感表现；柯林伍德进一步强调艺术的表现性特征，认为只有表现情感的艺术才是真正的艺术。然而之后，在实证主义思潮影响下，客观的普遍性再一次战胜了主观的个体性。新批评的前驱者 I. A. 理查兹试图以理性的方法来分析情感的产生，把情感还原成各种环境—身体之间的刺激与冲动的不同类型，认为情感是可分析，甚至是可模拟并再现的东西。

对于注重个体性的中国传统文论来说，情感这一要素从一开始就处在非常重要的位置，如《礼记·乐记》中对人的情感与社会之间的对应关系、音乐（艺术）与人的情感关系的强调等。因此，在中国传统文论中，有“诗言志”和“诗缘情”两种强调艺术作品表现情感的观点。不过，需要注意的是，中国古代文论强调情感并不等于强调或突出主体（作家对于外部世界、对于他人的意志）的作用，相反，它强调的“情”恰恰是建立在放弃自我的主观任性，同时体察天地万物、人伦关系的基础之上的，具有普遍内涵的情感，而非一己私情。

在传统文论中，文学形象是构成文学作品内容的重要因素。文学形象塑造得成功与否，是衡量文学作品尤其是叙事类作品成功与否的重要标志。与哲学、科学等不同，文学主要用形象来反映生活、表达情感。文学形象包含着深刻的社会生活本质与内涵，既是具体的、感性的、个别的，又是带有普遍性的。

“形象”一词的本意指人物或事物的形体外貌，具有可视、可触和可感的形状。日常生活中所说的形象是客观存在的，其外部形式特征是事物所固有的，而文学形象与日常生活的形象有所区别，它是作家主观虚构和艺术想象的结晶，灌注着创作者的文化情趣和审美理想。值得注意的是，西方文化自现代性以来逐渐成为世界主流的文化，常常把形象看作是一个独立于主观世界和客观世界之外的中介世界的思想。这个中介世界类似于卡西尔哲学中的符号世界，哲学、科学、历史、神话、艺术都是人们为了认识世界和表现世界而创造出来的符号世界，人通过符号来认识世界，世界通过符号呈现给人们。在全球化的时代背景下，形象的意义表达形式逐渐发展为三种：现代艺术中的美学意象、日常生活中的各类图像和文化互动中的文化形象。

在文学理论中，我们常会发现“形象”与“意象”这两个词汇被交替使用。从广义的角度来看，文学形象是文学作品中所描绘的人物、景物、环境等一切有形物体的集合，它构建了一幅丰富的艺术画面。而当我们将视线聚焦于狭义层面时，我们会发现文学形象特指作品中的人物形象。值得注意的是，文学形象并不局限于视觉形象，它涵盖了人的所有感官所能感知的所有形象。这其中，甚至包括了那些由人生感悟所引发的、超越了“象”的境界的更深层次形象。在西方，优秀的文学形象被称为“典型”，这些形象是作家们精心塑造的、生动且具有深度的艺术产物。与一般的形象相比，典型更能深刻地揭示和反映社会现实，甚至能触及人类历史的发展脉络。转向中国古代，我们发现文学形象的塑造更注重追求一种超越五官感知的“境界”。这里的文学形象要求人们透过眼前的“象”，去体悟人与自然、人与世界的和谐统一之感。尽管中西方在塑造和呈现文学形象的方式上有所不同，但它们的目标是一致的，都是通过具体的物象来传达作家对世界的独到理解和感受。

“典型”理论源自西方，是西方文论对文学形象的深入理解，是现实型文学形象的高级形态。典型主要出现在叙事类作品中，是由一连串意象所组成的形象体系，其中那些既包蕴着丰富的社会生活内涵，又具有高度个体性的优秀形象就是典型。早在古希腊时期，柏拉图和亚里士多德就开始探讨这一问题。典型说在西方大致经历了三个主要的发展阶段：第一阶段是 17 世纪以前，以古罗马的贺拉斯、法国的布瓦洛等为代表，注重典型的普遍性和共性，强调类型概括。典型一词，在希腊文中的原意是“模子”。例如，布瓦洛在《诗的艺术》中说，艺术所再现的是具有鲜明性格类型的形象，如风流浪子、守财奴，或者老实、荒唐、糊涂、嫉妒等。第二阶段是 18—19 世纪，典型逐渐开始由重视共性向重视个性的转变。这一时期，法国的狄德罗、德国的莱辛等注意到环境对典型形成的重要作用，开始把典型与具体现实和个别性联系起来，形成了以强调个性为主的“个性特征说”。第三阶段从 19 世纪 80 年代末开始，是典型理论发展到一个崭新的阶段，共性与个性、一般与特殊统一的规律，在一定程度上揭示了典型的内部联系，使得典型理论更加科学化和系统化。

丰富的社会实践塑造着一个人的性格：一方面，个人会在社会关系中体现出独特性格；另一方面，这些性格也会接受社会关系的考验与重塑。对典型形象的性格分析成为现实主义文学批评的重要传统，文学史上那些著名的典型人物之所以意味无穷，就是因为它们有着内涵丰富的性格特征。从这个意义上讲，文学批评正是通过深入的性格分析透析复杂的历史景象，透视特定历史时期的社会关系。

“意境”作为中国古典文论和传统美学的核心概念，是由一系列意象组合而成，其追求的是超越具体情境、事物和身心感知的宇宙人生体悟，因此在抒情性文学作品中尤为突出。意境与意象二者关系紧密。早在先秦时期，《周易·系辞》便有言“书不尽言，言不尽意”，强调须“立象以尽意”。至魏晋南北朝时期，“象”逐渐演化为“意象”，刘勰在《文心雕龙·神思》中提出“独照之匠，窥意象而运斤”，意指诗人须深入挖掘意象以表达内心情感。在古典诗学中，意象传达了诗人的主观情志，而“象”则是客观事物或形象。但诗学更为注重的是“言外之意”或“象外之象”，即我们所说的“意境”。相对而言，西方古典诗学中的“意象”概念也具有丰富的内涵，与想象力、感知、心象、表征等紧密相连。

“意境”这个概念来自隋唐佛学，杂糅了先秦至魏晋的老庄、玄学思想。在文论中，最早提出“意境”这个词的是唐代诗人王昌龄，他在《诗格》中说：“诗有三境。一曰物境：欲为山水诗，则张泉石云峰之境……二曰情境：娱乐愁怨，皆张于意而处于身……三曰意境：亦张之于意而思之于心，则得其真矣。”后来皎然提出“缘境不尽曰情”“文外之旨”“取境”，刘禹锡提出“境生于象外”等重要命题，此后司空图、严羽等的诗论虽然不涉及意境这个词，但意境说的基本内涵和理论构架几近确立。作为正式的诗论范畴，“意境”出现在明代。朱承爵在《存余堂诗话》中说：“作诗之妙，全在意境融彻，出音声之外，乃得真味。”至晚清，王国维集前人之大成，比较完整地论述了这一美学范畴，指出其本质特征在于意与境的融合：“上焉者意与境浑，其次或以境胜，或以意胜。”意境有三个主要特征：情景交融、虚实相生和超以象外。对意境的理解与分析应该从动态角度，即情与景、虚与实等的相融相生切入，不宜把它们看作是机械的叠加。关于意境的类型有多种说法，具有代表性的是两种：一是刘熙载在《艺概·诗概》中归纳的四种意境：“花鸟缠绵、云雷奋发、弦泉幽咽、雪月空明。诗不出此四境。”二是王国维在《人间词话》中提出的：“有我之境与无我之境。”

中西方文学艺术由于各自文化背景、哲学传统、思维方式、社会根源等的不同而显现出不同特点，“典型”和“意境”是中西方文论最具代表性的理论范畴，是对艺术美本质探索的结晶。

（三）文学作品的形式要素分析

文学作品的形式是文学作品内容诸要素的组织结构、表现手段和具体的外部形态，是文学内容的存在方式，主要有语言、结构、体裁等要素。语言是文学区别于其他艺术的根本特征；结构是文学语言的组成方式及系统；体裁是在各民族的文学史中沉积下来的、相对稳定的结构方式。

1. 语言要素

“文学的第一要素是语言”，它直接构成了文学作品的物质表象，但它不仅仅是文学构成的媒介和存在方式，也是人的存在家园。

文学作品是作家审美意识的物质体现，需要通过文学语言来具体呈现。文学语言不仅是展现文学内容的手段，更是连接文学形式各要素、构建文学存在形式的重要元素。在文学创作和文本生成的实践过程中，文学语言的作用远超过表达意义和传递内容，它还深入到感性审美的层面，从而更准确地传达与情感相统一的内容。无论是在中国传统文学实践中，还是在西方语境下的文学实践中，对文学语言的认知都存在显著的共通性。这与文学作为人类审美探索外部世界、表达主体情感和创造独特文本的特性紧密相连。

随着人类社会的不断演进，语言根据使用功能、目的、场合而发生分化。一般来说，语言具有三种基本形态：日常语言、科学语言和文学语言。日常语言突出实用目的，基本功能是传情达意；科学语言具有强烈的工具性特征，基本功能是理性的、逻辑的认识；文学语言则以审美功能为主要特征，通过声音、结构和审美特质凸显自身存在。

文学语言具有形象性、情感性、暗示性、音乐性等特征，但其审美特征最终体现为“话语蕴藉”。“蕴藉”一词，来自中国古典诗学，“蕴”的原意是积累，引申为含义深奥；“藉”的原意是草垫，引申为含蓄。文学语言的蕴藉美体现在“意在言外”、含蓄、朦胧甚至含混的审美效果上。从词语、句子、音调、风格、意境等各个层面共同形成了这一特征，使文学文本包含了意义生成的无限可能性，在有限的话语中蕴含无限的意味，营造出一个特殊的情感艺术世界。

文学语言的组织有三个层面：语音层面，包括节奏和音律；文法层面，包括词法、句法和篇法；修辞层面，包括比喻与借代、对偶与反复、倒装与反讽等。

在 20 世纪初，西方哲学界发生了一场语言学转向，该转向致力于研究文学、日常用语和逻辑等语言现象及表述方式。其目的在于挖掘人类思维与文本表达之间的深层关系。在这一过程中，哲学研究的重心逐渐从思维转向表达及其方式。以俄国形式主义为例，他们认为文学语言的根本特征在于其不指向语言之外的具体事件或抽象理论，而是专注于语言本身。

2. 结构要素

从词义上讲，“结构”指事物各部分关联组合的方式。在文学理论中，文本结构通常指文本内部的组织架构、部分或要素之间的关联方式。文学文本的结构是一个完整的有机体，包括文本的外结构和内结构。所谓外结构，指文本所呈现的在直观上可以把握的形态特征；所谓内结构，指文本内部各部分或各要素之间的复杂关系，它隐含在文本的肌理中，具有决定文本整体性和主导风格的功能。

结构在文学作品中的表现是多方面的，包括字词的搭配、语段的组织、人物关系的处理、意象的组织等。在诗歌中，较为明显的是各种韵、格律都有严格的音节或字数限制，在朗读时能够产生音乐上的形式美感。

在诗歌创作中，韵和顿的运用对于形成节奏和音律感具有重要意义。尽管有些诗歌与韵无关，例如，日本古代诗歌和古希腊诗歌。但韵在多数诗歌中发挥着重要作用，能够将散乱的声音串联成一个完整的曲调。顿是指在读完一个完整的意义段落之后的停顿，这有助于句子意义的完整表达。这种停顿通常与自然语言的节奏相一致，因此，诗歌的节奏往往也是自然语言的节奏。由于西方语言注重音声，其发音的长短轻重、较为明显，因此节奏感也较为突出。此外，文章的整体格局安排也是至关重要的，它能够影响读者的阅读体验和情感共鸣。

在不同的文学观念中，何为主线、何为纲，皆有其独特的表达。举例来说，在叙事类文学中，时间经常被用作主要线索；而刘勰则认为，“事义”更具重要性。另外，从文章的语言、格律等方面来审视其结构，也是一种常见的方法。然而，现代西方文学理论，特别是结构主义，提出了一个更为深入的见解：在文学叙事中，深层的结构若隐若现，它源于人类的深层心理或社会结构。在早期的结构主义者看来，这种文学叙述的结构可被简化为人类心理的固定结构，或被归结为人类始终面对并解答的问题，如生与死的哲理。这一时期的理论相对单纯，主要从叙述的功能出发，对文学作品进行简化和考察。然而，随着研究的深入，一些学者开始意识到这个结构可能是变动的。罗兰·巴特便是一个典型的例子，他发展了索绪尔在语言学上的能指与所指理论，提出了所谓的元语言。元语言可以被视为一种语言的整体使用情况，它基于具体的言语使用（能指与所指结合成指称关系），并非一成不变。相反，它受到社会意识形态的不断变动的影响。

总而言之，结构的功能不仅体现在具体的文学文本中，也呈现在文学史的发展过程中，它具有动态性。一方面，文本结构不是文本结构各要素的简单叠加，而是它们之间的互动与整合；另一方面，从文学史的角度看，这些要素之间存在持续的较量，在某一时期某要素会占据主导地位。

3. 体裁要素

从词源上讲，“体裁”这个概念源自拉丁文 genus，本义为表示生物分类体系中“属”的概念，一般的意义是“种类”或“类型”。在文学史上，它又可以被称作“文类”，是一个古老的批评概念。

在中西方的文学理论中，有着大量关于文类的文献资料。早在先秦时代，“文类”的思想就已经萌芽了，《诗三百》中的《风》《雅》《颂》就是对文类的区分。对文体的划分最早出现在魏晋时期，曹丕的《典论·论文》将文划分为四类八体，并指出它们“本同而末异”。其后的文体日趋纷杂，划分也没有定论，萧统《文选》将文类分为 39 类，刘勰《文心雕龙》分为 34 类，不过也有一类依据儒家五经（即《易》《书》《诗》《礼》《春秋》）来进行划分的。再后来，明代的《文章辨体》、徐师曾的《文体明辨》等对这一问题做过总结。应该说，中国的文体划分在产生之时就不是现代意义上的，带有实用性。与西方不同的是，这些实用文体在其发展过程中并没有完全从文学中脱离开去，而是与诗词曲赋等一起成为文学体裁的组成部分。

在西方，柏拉图和亚里士多德等哲学家曾提出过文类概念，并对其进行了深入的探讨。在《诗学》中，亚里士多德从模仿的媒介、对象和方式三个方面对不同的文类进行了区分。他明确指出，在戏剧的专门论述中，不同的模仿方式导致了叙述与戏剧之间的差异。黑格尔则从辩证的角度为文体划分提供了哲学基础，他从客观、主观以及主客观相结合的思辨视角出发，认为叙事、抒情和戏剧之间存在辩证发展的关系。19 世纪的俄国文学理论家别林斯基在黑格尔的理论基础上，进一步详尽地阐述了文体的划分。然而，进入 20 世纪以后，文论界开始对这种划分方法提出质疑。瑞士学者施塔格尔认为，不应将具体的文学体裁如诗歌与抒情类文学固定地联系在一起，而是将抒情、叙事、戏剧视为一种观念。这些观念之间是可以交叉使用的，例如抒情式戏剧。

总而言之，文类是一个历史范畴和文化范畴。不同的时代有不同的文类及其划分标准；不同的文化也因其独特的传统而有不同的文类及其区分标准。同时，文学史上还存在具有持久性和普遍性的文类，如戏剧和诗歌。每一种文学体裁都经历了从产生、发展到成熟的过程，这是文学文本的具体存在形式，是塑造形象、表达情感、结构布局、语言运用等方面呈现出来的具有稳定性的审美形式规范。文学史上对体裁的划分标准不一，主要有二分法：把文体分为韵文和散文；三分法：把文学作品分为叙事类、抒情类和戏剧类；四分法：把文学作品分为诗歌、小说、散文和剧本。这些分类方法在使用的时候也不是截然分开的，它们之间互有交叉，如抒情诗歌、叙事诗、议论散文、叙事散文等。

第五节　现代汉语言文学专业教学模式转变

伴随专业设置，高校汉语言文学教学至现在已历经几十年，新时代背景下积极发展汉语言文学教育，逐步提升教学的整体效果，高校要针对汉语言文学教学需要将创新作为中心，积极实现教育方法及理念创新，并更新教学设备，通过汉语言文学教学使学生不断丰富高校学生的知识储备，提高学生的相关知识应用能力。

汉语言文学经过多年发展，已形成相对完善的教育体系及教学理念。新时期新发展方向中，高校教师需要积极创新，促进汉语言文学教育质量提高。同时，积极对汉语言文学的相关内容进行梳理，并对其中的教学理念及教学方法进行掌握，对产生不利影响的教学方法及时改进，并积极实行教育创新，为高校汉语言文学知识不断注入新能量。“高校教师需要积极深化对汉语言文学教学的认知，并全面提高教学有效性，提高学生学习主动性，使学生提高汉语言文学灵活运用能力。”①

汉语言文学专业的基本教学重点为积极有效提升学生的整体社会观念、道德取向及人文素养，并非实现汉语言文学专业价值。在社会发展过程中，汉语言文学更注重实用性，汉语言文学专业教学也需要进行全面改革，在维持传统教学的基础上积极适应社会发展的需要。

创新高校汉语言文学教学，并能够及时发展教学观念，可全面适应社会发展的方向，并调动学生积极性的教学方法进行专业知识教学，教学中教师需要通过开放课堂教学模式及翻转课堂进行汉语言文学教学模式构建，通过多维立体教学模式，以新理念教学引导学生积极主动地投入课堂。

例如，汉语言文学教学课堂中教师需要不断尝试创新相关知识，积极鼓励学生在讲台中依据部分知识点分享自身看法。同时，课堂教学中教师需要进行多样化的教学实践活动设计，引导学生通过学习小组、互联网等形式，自主学习汉语言文学知识。此种教学模式能够使教师更加灵活地教学汉语言文学，并能够积极提升课堂教学效率，使学生具有学习意识。教师应善于依据学生的需求发展教学观念，利用教学重点内容通过科学合理的教学模式进行呈现，并能够利用高效的方法促进学生针对汉语言文学进行学习。

在汉语言文学教学中，我们必须明确并重视学生的培养目标。这一目标不仅应适应社会需求，还须符合学生的成长规律。通过这样的方式，我们可以更精确地分析学生的成长需求，并帮助他们更好地理解汉语言文学学习的重点。这将使他们更清楚地认识到，汉语言文学知识的学习对他们的未来成长具有重要意义。

在课堂教学过程中，教师与学生之间的互动交流是至关重要的。这不仅可以提高教学氛围，还可以确保培养目标的实现。我们应定期开展汉语言文学教育活动，以更好地满足学生的学习需求。同时，结合社会需求，我们应及时调整和优化教学内容，确保学生能够获得他们所需的知识和技能。此外，对于教材中的汉语言文学知识，我们应积极引导学生进行自主学习。通过课外实践的方式，激发学生的学习热情，提高他们的学习效果。通过这种方式，学生可以更深入地理解和掌握汉语言文学知识，提升教学效果。

创新课程理念设置，优化课程设置，为汉语言文学教学创新的重点措施，教师需要在

---

① 侯玉梅．新时期高校汉语言文学专业教学模式的转变［J］．三角洲，2023（19）：150.

全面认识现有课堂教学特点的基础上进一步构建多维度例题课堂，并不断更新课程设置理念，积极发挥学生的学习主动性，并及时促进汉语言文学教学模式不断更新。课堂教学一般在整个周期中结合学生学习规律，并积极鼓励学生自主发挥，注重学生对相关教学问题的看法，实现课程设置理念不断创新。

例如，教师及学生能够有效互动，引导学生表达对汉语言文学的认识，鼓励学生表达对汉语言文学课程的教学的看法，并通过此种教学模式进行良好的师生互动，使教师更加准确地把握学生的学习需求，更具备针对性地改进现阶段课程设置理念。通过特定的教学情境及时实现汉语言文学知识的不断深入，并强调师生之间的有效互动，使教师精准把握学生的学习需求，更有针对性地改进现有课程设置理念。通过特定教学情境实现学生之间的互动和交流，在进行汉语言文学当中能够不断深入相关活动，并注重教师及学生实践的良性互动。

紧密结合社会热点，在汉语言文学教学课堂中使汉语言文学理论知识与生活紧密连接，并帮助学生清晰认识到汉语言文学知识在生活中的具体应用，此种教学模式属于传统汉语言教学教育的不断创新，可进一步鼓励学生提高综合知识应用能力带来的帮助，并紧密结合实际情况及汉语言文学理论知识教学，不断加强自身的理论知识及实际教学的能力。

在汉语言文学教学课堂上，教师须以当前社会热点事件作为课程的切入点，并鼓励学生结合所学的理论知识进行深入分析，从而进一步激发他们的学习热情。同时，教师在讲解理论知识时，应结合生活中的实际案例，以便学生们更好地理解并掌握教学重点。此举有助于引发学生的共鸣，提高他们学习汉语言文学的自主性。此外，教师还应不断提升自身的专业素养，以确保具备持续发展的能力，这包括在教育能力、道德修养以及科研等方面进行创新。通过关注学生的个人成长，帮助他们更好地理解人生、充实自我，并实现自己的价值观和梦想。

全面发挥学生在课堂中的主动性是汉语言文学创新的目标，也是促进新时期大学生整体学习能力提高的关键。教师需要注重将学生的具体特点作为出发点，并结合学生感兴趣的课堂教学点，以活泼生动的课堂教学过程积极引导学生自觉投入汉语言文学学习中。教师自身需要不断学习新潮流及新思想的态度，对于青年思想动态准确把握，以学生感兴趣的教学模式进行汉语言文学教学课堂构建，争取取得良好的教学效果。

例如，教师在进行汉语言文学知识教学的过程中，可以应用学生感兴趣的谐音梗及短视频等元素丰富课堂教学过程，使传统枯燥的汉语言文学课堂更加活泼，这样能够使中华文化具备更高的包容性，并具备深厚的魅力，结合学生感兴趣的元素进行积极互动，全面提高学生的学习状态。

在新时期，推进汉语言文学专业发展，关键在于积极实施教学创新，提升课堂教学的整体活力，并有效激发学生的学习热情。为此，高校教师应采取包容性的教学创新方式，善于引入新颖的教学理念、方法和技术，以现代化的视角推动汉语言文学的创新。这样不仅能满足高校学生自身发展的需求，还能通过逐步培养其实践应用能力，为其未来的职业生涯奠定坚实基础。因此，高校应致力于打造灵活、有趣的汉语言文学课程，使学生在学习中得到全面发展，为其在未来的工作领域游刃有余地发挥创造有利条件。

第二章 汉语言文学教学方法与模式创新思路

第一节 汉语言文学审美教育方法解读

“审美教育在汉语言文学中的渗透，对提高汉语言文学的质量有着重要的作用。”① 因此，学校教师应该加以重视，培养学生健康高尚的审美情趣。汉语言文学教学是一个充满人情味的审美过程，在教学过程中，教师需要积极挖掘教材中的审美要素，重视美的熏陶，激发学生对语言文字的热爱。将审美教育融入汉语言文学教学过程中，是深化语文教学改革的一项重要内容。在激烈的市场竞争中，审美素养也逐渐成为增加学生竞争力的职业必备素养，所以高校需要重视语言文学教学中的审美教育，从而提升学生的文学鉴赏力。

汉语言文学是我国高校教育教学课程体系的重要学科之一，是对高校学生进行素质教育和人文教育的重要内容。在汉语言文学教学中开展审美教育，既是新时期高校素质教育和学生全面教育的重要要求，也是汉语言文学学科本身属性特点和学生审美情趣能力培养、文化素养提升的重要措施和方法。在汉语言文学教学中开展审美教育是当前汉语言文学教学研究的热点和重点，是新时期高校学科素质教育改革和创新的重要内容，也是对学生的审美情趣、人文素养和精神文化素质进行培养的重要手段。面对越来越复杂的经济社会发展趋势，通过汉语言文学审美教育对学生进行全面的培养，是新时期汉语言文学教育发展的一个重要趋势。

审美教育主要是指审美能力的培养和提升，而审美能力是对审美感受能力、鉴赏能力、想象能力以及创造能力等相关能力的总称。其中，审美感受能力是开展其他能力的重要基础，是整个审美过程的出发点，作为审美教育的最基本内容，审美感受能力主要是指对审美主体的感官美感获得方式和方法进行培养的教育；鉴赏能力则是在感受基础上产生的对“美”进行辨别、理解和评价的能力，辨别能力则是审美教育的重要环节和关键环

① 王玥．汉语言文学教育与教学方法的创新研究［M］．延吉：延边大学出版社，2020：46.

节；想象能力是指，将外部感知的“美”与自身的知识、能力、经验等要素结合起来产生的精神美的感受；审美创造能力是在以上所提到的能力的基础上通过实践创造和创新的“美”。审美创造能力是审美能力的最高层次，同时也是审美教育最终要达到的目的。

文学作品的鉴赏需要学生具有深厚的文学素养，因此，在教学过程中，教师应该更加重视对文学作品的写作技巧和行文结构的安排，从而加强学生对文字的感染力。一方面，我国大部分院校审美教学的课时不够、内容不足，教学方式也不够新颖，对汉语言文学专业的讲解没有深度，难以强化学生的专业技能；另一方面，虽然很多学生选了汉语言文学专业，但并不喜欢它，内心抗拒这个专业并且缺乏专业认同感，这些原因导致学生学习积极性不足，缺乏专业文化素养。因此，教师须通过以下方法进行汉语言文学的审美教育。

一、结合相关教材，挖掘审美因素

汉语言文学专业的教材中以优美的语言反映了社会之美、自然之美乃至艺术之美，这就要求在教学中，根据不同教材发掘不同美的因素，渗透审美教育，使学生感受美。

被选进教材中的文学作品比现实更具有典型性，因而语文教材中的文学作品更能引起人们的共鸣，给人的感染和熏陶更为强烈。社会的美是指心灵美、人格美、精神美等，是指人的思想方面的美。

自然界的美更加精致、细腻、激动人心，教材里对于自然之美的描写也不在少数，巫峡的壮美，大海的柔美，这些都是大自然的美。教材中关于美景的描述，使我们可以在掌握语文知识的同时，体会祖国山水的秀美壮丽，从而培养学生的审美情操。

艺术美是社会美、自然美的集中体现。诗歌的音乐美、散文的韵律美、戏剧的冲突美、小说的整体美，都能勾起我们审美的冲动。甚至是文章精巧的构思、质朴的语言、丰富的想象等都体现了教材中蕴含的审美艺术。

二、结合情感，激发学生的审美渴求

任何题材的文章都具有感情，每一篇文章都是作者呕心沥血之作，包含着作者对现实生活的深刻认识，并且倾吐着作者对人和事的深厚感情。在教学中教师要将学生带到文章的感情中来，这首先要求教师全身心投入到教学中去，激发学生对审美的渴望。教师的情感来源于对教材的理解，只有思想启迪带来的浓郁、真实的情感，才能与学生碰撞出思想的火花，从而感染、教育学生。

三、采用听、说、读、写的训练方法

第一，教师可以通过朗读来体会文章的音律美，悦耳的声音、适宜的节奏、起伏的语调，可以激发学生对美的兴趣和追求，对提高学生的语言修养有着不可替代的作用。教师的朗读尤为重要，教师声情并茂的朗读，可以引发学生情感的共鸣，使学生快速进入形象思维，进而深入体会到文字中和谐统一的声韵美、参差错落的节奏美和情景交融的意境美。

第二，教师可以运用媒体来领悟文字中的意境美。文字中的感情要通过想象和联想才能够感觉到，这就是文学欣赏的间接性。因此，在很多时候，可以运用媒体进行气氛的渲染，从而使学生可以更加逼真地感受到文章所要表达的感情，让学生尽情陶醉在美的艺术氛围中。

第三，教师可以通过板书展现出篇章的结构美，好的板书不仅能激发学生的学习兴趣，还有助于学生对课文内容的理解，更能展现出篇章的结构美。精美的板书，还可以带给学生美的感受，提高学生的审美能力。

第四，教师还可以通过实践操作创造美，如布置寝室、美化教室、举办文艺演出等。在社会环境中，每一个学生都要进行交际活动，这就为学生提供了创造语言美的空间，语言美不仅可以改善人际关系，还可以体现社会中人与人之间崇高美好的思想境界。

审美教育是汉语言文学课程教学的重要组成部分，可以在很大程度上增强学生的竞争力。因此，必须引起各大院校的重视，强化教师的审美教育思想，帮助学生提高自身对美的感知能力，提升艺术素养，激发学生审美创造的情感和兴趣。

第二节　汉语言文学专业教学方法分析

汉语言文学专业的教学方法对于培养学生的语言表达能力、文学鉴赏能力、文化自信心、综合素质和社会适应能力都具有重要意义。因此，教师们应该重视汉语言文学专业教学方法的创新，不断提高教学质量和水平。

一、汉语言文学专业教学方法的创新作用

第一，汉语言文学教学方法的创新，使我国汉语言文学在高校的发扬与继承中得到了进一步推广。传统的汉语言文学教学方法以教师和教学大纲为中心，使学生失去了课堂主体地位，而改进教学方法后，可以使学生成为教学的主体，而教师仅作为教学课堂的辅助者。学生发挥了自身的主体意识，积极主动地参与到教学中，对提高汉语言文学教学效率具有十分重要的意义。

第二，汉语言文学教学方法创新，突破了以往传统教学的局限性，教学以培养学生的实际应用能力为主。学生在实践中学习，通过结合生活实践，学生掌握了汉语言文学的表达技巧，提高了语言表达能力和写作能力，得到锻炼，对培养学生分析和解决问题的能力也很重要。

第三，在汉语言文学教学方法创新后，学生们将在教师的指导下对教学内容进行研讨、分析。这不仅提高了学生探究问题的能力，还丰富了学生对汉语言文学知识的认识，对提高学生的文化底蕴和文学素养具有重要作用。

第四，目前汉语言文学专业开设的课程主要有现代汉语、古代汉语、语言学概论、中国古代文学、中国现代文学、外国文学、中国当代文学、美学概论、影视概论等课程，这些丰富的汉语言文学课程极大地丰富了学生的文学知识，不仅能够提高学生的人文素养，而且还具有较强的实用性。因此，通过教学方法的改革可以使学生对汉语言文学产生浓厚的兴趣，对我国培养高素质综合型人才具有重要意义。

二、汉语言文学专业教学方法的创新策略

（一）通过课外实践教学法增强学生综合能力

汉语言文学教学具有较强的应用性，因此，应将汉语言文学教学与实践相结合，使学生在实践中学习，通过实践加强对汉语言文学教学内容的理解。只有将汉语言文学教学理论知识与实践相结合，才能有效地培养学生的语言表达能力和写作能力，使学生在汉语言教学内容中学到的知识完全应用到现实生活中去。只有将汉语言文学教学应用到具体的实践中，才能使学生真正学会应用所学知识，达到学以致用的教学目的。

（二）通过灵活的评价方式培养学生学习兴趣

评价是教学课程的关键环节，科学、灵活的评价方式是促使评价发挥其最佳效果的关键因素，因此在汉语言文学教学方法改革中，要注重采用科学、灵活的评价方式对教学进行评价。在汉语言文学教学中，教师的评价时间往往花费在对课后作业和考试成绩的评价中，将考试成绩作为最终的评价标准，这种教学评价具有一定的局限性，它束缚了学生的思维能力和创新能力，因此，汉语言文学教学方法的改革对不同教学内容需要采用不同的评价标准。如对一些鉴赏性的文章，要将课堂中学生对文章鉴赏的程度和对文章的把握程度作为评价的标准；对一些提高写作水平的文章，教师应将学生是否对教学重点做了笔记、是否养成了良好的自学习惯等作为评价标准；针对一些开放性较强的文章教学时，教

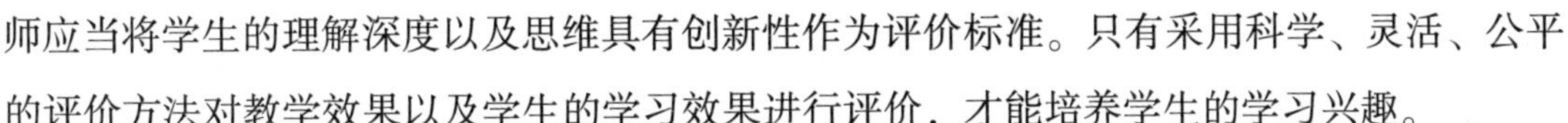

师应当将学生的理解深度以及思维具有创新性作为评价标准。只有采用科学、灵活、公平的评价方法对教学效果以及学生的学习效果进行评价，才能培养学生的学习兴趣。

（三）通过研讨式教学法培养学生的创新能力

研讨式教学法在高校汉语言文学专业中应用广泛，旨在提升学生的学习互动能力，拓宽视野，增强学习积极性，以及锻炼语言思维能力。为了更有效地实施这一方法，教师须注意以下方面：首先，在设立研讨问题时，应紧扣文章主旨，以此为切入点引导学生深入研讨；其次，课堂探讨不应仅限于教学范围，还须结合作者的时代背景与人生经历，以及相关作品，提升研讨层次；最后，教师应善于倾听，肯定学生的思维能力，积极参与研讨，鼓励学生参与，从而提高学生的汉语言研讨与思维能力。

近年来，汉语言文学专业为我国培养了大量的专业人才，将我国的汉语言文学知识不断发扬光大。同时，还有很多汉语言文学人才被引进其他国家教授汉语言文学知识，将我国的汉语言文学知识推向国际，使更多的外国人学习和认识中国的汉语言文学，对提高我国的国际竞争力具有重要作用。在高校汉语言文学教学中，只有使学生积极主动地学习汉语言文学，才能使学生真正地了解与体会汉语言文学的意义和文学价值。

第三节　汉语言文学教学方法具体革新

社会快速发展，汉语言文学教学需要与时俱进，教学方式也需要革新。应积极优化汉语言文学教学理念，拓宽教学思路，运用现代多媒体技术创新教学方法，激发学生对汉语言文学的学习兴趣，并注重实践，在学习汉语言文学过程中开展良性互动，强化学生对汉语言文学的认知，推进汉语言文学教学活动的高效开展，以便更好地满足社会发展的需求。

一、营造良好的教学氛围，强化学生认知

在汉语言文学的教学过程中，为了提升教学质量，教师须采取一系列措施来营造良好的教学氛围。这包括科学运用各种教学手段，强化学生对汉语言文学的认识，以及激发学生的热情。这样，我们有望改善汉语言文学的教学效果。具体而言，教师可以设置合适的教学情境，采用角色扮演等教学方法，引导学生进行模拟训练。这种方式能充分发挥学生的主体作用，加深他们对汉语言文学作品的理解，并激发他们的情感体验。在这种教学方

式下，学生参与汉语言文学活动的积极性会更高。

此外，教师还应积极整合汉语言文学资源，创设角色扮演情境，营造生动、和谐的学习氛围。这不仅可以调动学生的积极性，使他们参与到汉语言文学的学习活动中，还能建立和谐的师生关系。在潜移默化中，学生的汉语言文学水平也会得到提升。

二、创新教育教学方法，激发学生兴趣

在汉语言文学教学中，教学方法应多样化，对于文学常识类问题，学生主要依靠记忆来掌握。而对于文学作品批评等主观思想问题，教师应激发学生的个性化思维，鼓励学生从不同角度表达自己的观点。在当代教育环境下，为提高汉语言文学教学质量，教师应积极创新教学方式，突破传统教学的限制。利用多媒体技术丰富教学内容，通过图像、声音和文字的协调作用吸引学生的注意力，激发他们的学习兴趣。同时，教师应充分尊重学生的主体地位，结合教学需求和学生文学水平，利用互联网资源搜集相关资料，确保这些资料为汉语言文学教学服务。在教学过程中，教师还应创新教学方法，帮助学生感受汉语言文学的魅力。通过主动探究汉语言文学知识，可以锻炼学生的语言组织能力和自我表达能力，从而实现高效教学。

三、强化实践环节，开展师生良性互动

在汉语言文学教学过程中，为促进教学方式的有效创新，应针对当前汉语言文学教学方式存在的问题开展客观分析，积极加强实践环节，引导学生开展良性互动，巩固学生所学汉语言文学知识，并强化其实践应用能力，从而改善汉语言文学教学成效。在汉语言文学教学过程中，教师应积极更新教学理念，高度重视汉语言文学教学的重要性，为汉语言文学活动的开展创造优良条件，鼓励学生参与到汉语言文学活动中。通过汉语言文学活动的开展，激发学生的创造性思维，为师生之间和学生之间良性互动创造空间。在汉语言文学教学过程中，促进理论与实践的紧密结合，在潜移默化中锻炼学生思维能力，激发学生的创造力，提高学生的汉语言文学水平，为学生的全面发展奠定基础。在教学过程中，教师可运用现代多媒体方式营造优良的课堂教学氛围，激发学生参与教学活动的积极性，促进教学方式创新优化。

汉语言文学教学实践的核心在于培养学生的听、说、读、写能力，以实现“能读会写”的目标。为此，学生应积极阅读经典，勤于写作。阅读的目的在于充实和提升人的精神世界，而写作则是为了创造和创新。在教学过程中，教师应鼓励学生积极参与学习活动，通过实践领悟精神内涵，并注重引导学生进行总结，从而形成良好的汉语言文学素

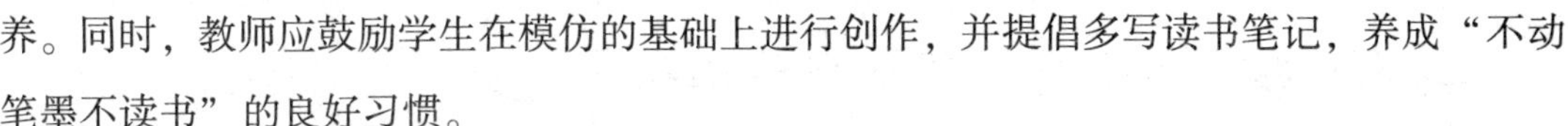

养。同时，教师应鼓励学生在模仿的基础上进行创作，并提倡多写读书笔记，养成“不动笔墨不读书”的良好习惯。

汉语言文学教学方式的创新，应积极优化汉语言文学教学理念，拓宽教学思路，运用现代多媒体技术创新教学方法，激发学生对汉语言文学的学习兴趣，使学生在掌握理论知识的同时注重实践。

第四节　汉语言文学教学模式创新思路

汉语言文学作为世界语言体系的重要组成部分，其中蕴含深厚的文化底蕴，对培养学生的人文素养具有积极影响。在现代社会发展中，汉语言文学肩负着传承中华经典文化的使命，在语文教学工作中全面渗透，既可以引导学生理解应用经典文化知识，又可以强化他们的语言应用技巧，不断提升他们的语文阅读和写作能力。因此，在了解语文教育和汉语言文学教育关联性的基础上，根据其所表现出的独特价值，深层探索如何在现代教育革新背景下，创新汉语言文学教学模式，以此持续优化学生的汉语言文学水平。

一、合理优化教学方式，持续活跃课堂氛围

“为了转变传统单一化的教学模式，要打破原有的教学思路，学会利用全新的教学理念思考问题，不断丰富实践教学内容。”① 例如，传统意义上的听说读写训练会依据文学著作进行阅读学习，但在素质教育理念的引导下，可以利用现代科技构建全新的教学课堂，注重引导学生积极融入汉语言文学作品的情境中，依据视觉和听觉的配合，吸引他们的注意力，这样不仅能充分调动学生的学习兴趣，还可以在实践探究中提升课堂教学效率。又如，对班级学生进行有效分组，在课堂教学期间突显学生的主体地位，而教师作为旁观者和辅助者进行教学指导。在正式上课前，教师首先要制定课堂教学目标，要求学生在课余时间自主收集与教学内容相关的汉语言文学知识；其次，要求小组成员共同探讨和分析文学作品，对文章的所有自然段进行讲解分析；再次，让小组成员相互总结学习内容，吸取他人学习经验；最后，教师要在系统总结后，明确本堂课学习知识。这种教学设计不仅能优化学生的自主学习意识，增强师生之间的互动交流，还可以在小组合作中活跃课堂氛围，让学生在相互帮助中提升文化素养。

---

① 易能静. 汉语言文学教学模式创新思路分析［J］. 文学教育（上），2023（1）：97.

二、基于现代教育要求，增强教师的专业水平

教师作为学生学习的重要榜样，要在转变传统教学理念限制的基础上，基于现代教学要求，逐步提升素质能力，并在课堂教学期间充分展现自身的个人魅力，以此在调动学生学习汉语言文学兴趣的同时，提升实践教学效率和质量。在新课改背景下，为了全面优化实践教学方法，专业教师在整合以往教学经验的基础上，更加注重提升自身的学识素养，既要正确处理学生提出的问题，又要适应多变的社会发展要求。一方面，汉语言文学教师要在深层了解优秀传统文化知识的同时，根据现代汉语言文学教学要求，制定多层次的教育指导对策，积极引用经典的文学作品，不断强化自身的学识素养；另一方面，要在掌握现代文化发展趋势的基础上，基于现代网络技术呈现多样化的传统文化知识，在获取学生认可的同时，成为学生学习探索的优秀榜样。

三、丰富课堂教学，设计多样化实践活动

在汉语言文学教学中，教师要适当增加情景模拟朗读环节，例如，让学生模拟文言文中的角色进行对话，或是选择部分片段进行角色扮演等，都可以在互动交流中学习文言文知识，充分调动学生学习兴趣，活跃课堂教学氛围，锻炼学生的语言表达能力和朗读水平。尤其是在现代教育革新背景下，教师要学会利用社交软件为学生构建交流平台，这样既能促进师生在日常生活中有效交流，又可以在模拟古代语言模式的基础上，拉近师生之间的距离。同时，多样化的实践活动可以增强汉语言文学教学的趣味性，深层调动学生对汉语言文学知识的学习兴趣，逐步强化他们的文化素养。

四、关注学生的学习变化，调整实践教学模式

第一，遵守以生为本的原则，突破传统理念限制。在汉语言文学教学中，我们必须对传统的教学方法进行改革，打破传统理念的束缚，始终坚持以学生为中心的原则。我们应该鼓励学生积极参与教学过程，勇于探索，并根据自己的兴趣和爱好进行选择，从而培养他们的自主学习意识。同时，教师也需要转变自身的教学观念，注重激发学生的潜在能力，强化他们的自主探究精神。只有这样，我们才能有效地提升汉语言文学的教学质量。

第二，要充分调动学生学习兴趣，激发他们的自主学习意识。在课堂教学过程中，教师应着重培养学生独立思考和解决问题的能力，积极引导学生领略汉语言文学的独特魅力。这样做有助于激发学生的探索兴趣，促使他们更主动地参与课堂教学活动。此外，教师应鼓励并支持学生学会倾听他人的观点，同时坚守自己的选择。这将有助于培养学生的

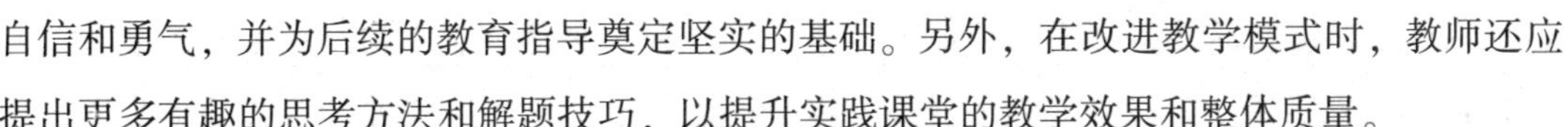

自信和勇气，并为后续的教育指导奠定坚实的基础。另外，在改进教学模式时，教师还应提出更多有趣的思考方法和解题技巧，以提升实践课堂的教学效果和整体质量。

第三，要基于现代化教学技术，稳步提升教学水平。为提高学生的文学素养，使他们更好地适应多变的社会环境，并为建设和发展中国特色社会主义道路提供保障，我们必须摆脱传统教育理念的束缚，引入先进的教学技术，以便更直观地呈现教学内容。同时，借助高新科技的发展，将信息技术融入汉语言文学教学模式中，在熟练掌握相关技术理论的基础上，根据实践教学需求，灵活调整课堂教学形式和内容。这样的改进有助于提高学生的学习成绩，并进一步提升实践课堂教学效率。

五、分析传统教学思路，探讨教育革新的方向

第一，要根据语文教学和汉语言文学教学的关系，明确两者结合发展的主要方向。在现代社会发展中，基于汉语言文学教学工作培育更多社会发展所需的复合型人才，一方面要从教学理念、基础知识、应用技能等方面入手，根据两者的相似性持续拓展学生的视野范围，不断优化他们的文学素养；另一方面要结合以往教学累积经验，充分发挥两者教学的独特优势，重点挖掘和培养学生的文学实践和探索能力。尤其是在现代教育革新背景下，专业教师要在明确传统教学问题的基础上，不断调整现有教育革新方向，以此更快适应多变的教育要求。

第二，要结合新课改教学要求合理运用多媒体技术。在教育创新的背景下，随着科技在教学中的广泛应用，传统的教学方式已无法满足当前的人才培养需求。因此，教师和学生都需要尽快适应科技环境的变化，熟练掌握优质的教学技术。其中，多媒体技术作为现代教育实施的重要手段之一，能够更好地呈现汉语言文学知识。例如，教师可以在网络上收集相关图片和视频，并在课堂上选择适当的时机播放，或者结合多种素材为学生构建多样化的教学活动。这样的教学方式不仅能够帮助学生更快地融入课堂，还有助于在整合汉语言文学知识的基础上，稳步提高学生的文学素养。

第三，要着重强化学生的创新意识和思维能力。不管是语文教学还是汉语言文学教育，对学生的思维培养要求极高，其目的在于引导学生奠定扎实的文学基础，为后续步入社会和岗位提供有效依据。尤其是在竞争越发激烈的市场环境中，创新作为优秀人才领先于他人的重要品质，也是现代教育革新探讨的主要内容。因此，汉语言文学教育工作要重点发展学生的创新思维，学会运用现代教育经验和先进技术，不断调整实践课堂的教学内容，积极引入优秀的传统文化知识，这样不仅能保障我国语言文学事业稳步发展，还可以为社会建设提供更多优秀人才。在汉语言文学课堂中，学生学习的目的是培养创造性思

维，因此教师要为学生提供更多空间，引导他们在自主思考、自我分析、积极探索中，熟练运用所学知识解决问题。同时，还要在课堂中基于现实文学知识进行深层研究，不仅要求学生逐渐养成沟通交流的学习习惯，还要逐步引导他们表达自己的建议，最终在教师总结评价中，帮助他们快速明确自身学习的问题。这样不仅能充分调动学生的学习兴趣，活跃课堂教学氛围，还可以逐步改善学生的创造思维，提高实践课堂教学质量。

综上所述，根据近年来汉语言文学教学情况显示，传统文化在我国经济建设和人才培养中展现出了自己的作用，不仅符合学生全身心健康成长的基本要求，还可以逐步优化学生的记忆理解能力。因此，专业教师要在整理以往教学经验的基础上，基于学生开展多样化的语言文学教育活动，深层探索实践教学对策，注重创新原有教学模式，以此全面提升学生的文化素养。由于汉语言文学作为一门具有深厚文化底蕴的学科，其文学知识的历史积淀十分丰富。因此，在实践教学中，教师须摒弃传统教学模式的弊端，致力于提升学生的文化素养和掌握优秀的学习方法。同时，深入研究汉语言文学教学模式的创新思路时，需要结合当前教育现状进行深入探讨，并充分调动学生的学习积极性。只有这样，我们才能进一步提升学生的文化素养，并有效解决传统教学中存在的问题。

第三章　汉语言文学与外国文学课程教学模式

第一节　外国文学在汉语言文学课程中的新阐释

外国文学在汉语言文学课程中的新阐释涉及对外国文学作品的深入研究和跨文化理解，这种新阐释强调外国文学不仅是文学领域的一个独立部分，更是汉语言文学课程的重要组成部分，对学生的文化视野和文学素养的提升起着关键作用。

第一，跨文化对比研究：新阐释下，外国文学不再被孤立看待，而是作为与中国文学相互对照的对象。通过比较不同文化的文学作品，学生可以更深入地理解不同文化之间的共通性和差异性。这种对比研究有助于学生更全面地理解文学的普遍性，同时也培养了他们的跨文化意识。

第二，文学翻译与文化传播：翻译外国文学作品已成为重要的教学内容。通过研究文学翻译，学生得以深入理解语言与文化之间的内在联系，同时有效提升自身的翻译技巧。此举对于推动外国文学在中国的传播，促进中外文化交流起到了积极的推动作用。

第三，文学主题的共通性：新阐释下，我们应注重外国文学作品中的主题在不同文化背景下的共通性。例如，关于爱与自由等核心主题，已在众多国家和文化中得到了深入的探讨。通过对这些具有普遍性的文学主题进行研究，学生们能够更加深刻地领悟到人类共有的价值观念和情感体验。

第四，文学与历史的关联：外国文学作品常常反映了特定历史时期的社会背景和文化变迁。新阐释下，学生被鼓励将外国文学与中国历史和社会联系起来，以深入探讨历史事件对文学的影响，以及文学作品对社会的反响。

第五，多元文化文本的选择：新阐释下，课程会更加注重选择多元文化的文本，包括来自不同国家和地区的文学作品。这有助于学生接触到更广泛的文化视野，培养他们的跨文化意识。

第六，创意写作与文学创作：外国文学作品也可以成为启发创意写作和文学创作的源泉。学生可以通过阅读外国文学，获得不同文化的创意灵感，从而丰富自己的文学创作。

总体而言，外国文学在汉语言文学课程中的新阐释强调了文学作品之间的联系和跨文化理解的重要性，这种新阐释不仅有助于学生更全面地理解世界文学，还培养了他们的跨文化素养和文学鉴赏能力，这样的教育理念有助于培养具有广泛文化视野的学生，为他们未来的学术和职业生涯奠定坚实基础。

第二节　世界经典名著的语言表达与语文教学

世界经典名著一直以来都在全球范围内拥有着广泛的影响力，这些经典作品不仅令人陶醉于它们深刻的故事情节，更因卓越的语言表达而备受推崇。作为语文教育的一部分，研究和教授世界经典名著对学生的语言能力和文学鉴赏能力都有着深远的影响。

一、世界经典名著的语言表达

（一）世界经典名著的语言表达特点

世界各地的经典名著都具有独特的语言特点，这些特点反映了不同文化和时代的文学传统，为文学作品增添了深度和多样性。

1. 莎士比亚作品的“诗意语言”

威廉·莎士比亚的戏剧作品以其严谨、稳重的诗意语言而闻名于世。他的文字表达丰富多彩，展现出卓越的语言天赋。他不仅巧妙运用既有的词汇，还勇于创新，创造新词汇或赋予既有词汇全新的内涵。此外，他的句子构造极其复杂，充满了比喻、排比、修辞等多种修辞手法，展现出高超的文学造诣。这些独特的语言特点赋予了他的作品一种深沉、理性的诗意韵味，使观众和读者在欣赏他的戏剧时能够感受到强烈的艺术震撼，陶醉其中。

莎士比亚的词汇表达极为丰富，他善于在不同场景和情境中选用精准的词汇，以强化角色的性格特征和情感状态。莎士比亚的创造性词汇更是令人瞩目，许多至今仍在英语中使用的词汇都源自他的作品，这包括“swagger”（大摇大摆）和“lonely”（孤独）等词汇，它们不仅增添了英语词汇的多样性，也丰富了文学表达的可能性。

莎士比亚的句式构造堪称一绝。他巧妙地变换句型，从简单的陈述句到复杂的疑问句，从抑扬顿挫的韵律句到交错反复的排比句，都使得他的作品富有动态节奏与音乐美感。这种句式的多样性让观众更能深入地体验剧情的起伏与角色的情感变化。此外，莎士

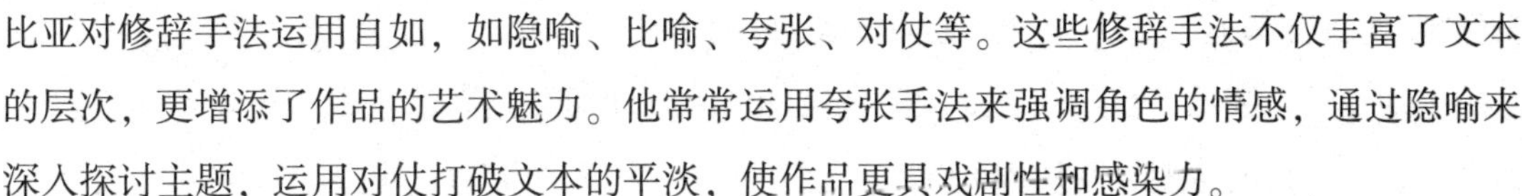

比亚对修辞手法运用自如，如隐喻、比喻、夸张、对仗等。这些修辞手法不仅丰富了文本的层次，更增添了作品的艺术魅力。他常常运用夸张手法来强调角色的情感，通过隐喻来深入探讨主题，运用对仗打破文本的平淡，使作品更具戏剧性和感染力。

在语文教学中，莎士比亚的作品可以被用来培养学生的文学鉴赏能力和词汇积累。学生通过解析莎士比亚的戏剧对话，可以学习到丰富的词汇和多样的句法结构。同时，莎士比亚的作品也提供了深刻的人物塑造和情感表达，有助于学生理解文学角色的复杂性和情感丰富性。

2. 卡夫卡作品的“抽象表达”

弗朗茨·卡夫卡是20世纪文学中的一位杰出作家，他的作品以独特的抽象表达和深刻的思考而著称。弗朗茨·卡夫卡的文学风格鲜明，常常以抽象的表达方式而著称。他的语言充满了隐喻、象征和悖论，这些元素赋予了他的作品一种独特的诡异氛围。例如，他的著名小说《变形记》（*Metamorphosis*）中，将主人公格里高利变成了一只昆虫，这一情节本身就是一个巨大的象征，探讨了个体与社会的关系以及人性的蜕变。卡夫卡以抽象的方式呈现了一个荒诞而深刻的现实，使读者不禁思考其中的深层含义。

又如，卡夫卡的短篇小说《审判》（*The Trial*），其中主人公约瑟夫·K被一个神秘的法律体系追逐，而这个法律体系本身也成为一种象征，代表了权威的不可知性。卡夫卡以抽象的叙事手法，勾勒出一个令人困惑和担忧的社会图景，反映了现代社会中个体与权力的对抗。总而言之，卡夫卡的作品经常引发哲学和文学领域的深刻思考和讨论。他的语言表达方式不仅独具创新性，还挑战了传统文学的规范，将文学推向了新的边界。他的作品让读者陷入思考的深渊，反思人生、社会和存在的本质，成为文学史上的经典之一。

在语文教学中，卡夫卡的作品可以用来培养学生的批判性思维和文学探究能力。学生可以通过分析卡夫卡的语言和文学手法来思考作品背后的主题和意义。卡夫卡的作品常常启发读者深入思考自身存在和社会现实，为学生提供了丰富的讨论话题。

3. 狄更斯作品的“丰富描写”

查理斯·狄更斯是英国文学史上最杰出的小说家之一，他的作品以丰富的描写而著称。查理斯·狄更斯的小说以细致入微的描写而广受赞誉。他善于运用生动的形容词和比喻，将场景、人物和情感生动地呈现在读者面前。他的作品常常通过精湛的描写来反映社会的不公和人性的复杂性，这种描写不仅是文学的技巧，更是深刻的社会寓言。例如，狄更斯的小说《雾都孤儿》（*Oliver Twist*）。“查尔斯·狄更斯是英国批判现实主义小说的代表作家。《雾都孤儿》作为其早期作品，其中有不少现实性的描写”①，他通过对伦敦贫民窟的生动描写，展示了社会底层人民的贫困和苦难。他通过生动的语言，让读者深刻感受到主人公奥利弗的遭遇以及他周围的环境。狄更斯用描写来探讨社会不公，呼吁社会对弱势群体的关爱。又如，《远大前程》（*Great Expectations*），狄更斯通过对主人公皮普的心理描写，勾勒出一个受到社会阶层和贫富差距困扰的人物形象。他对皮普内心的矛盾、渴望和迷茫的描写非常深刻，这使得读者能够与主人公产生共鸣，同时也引发了对社会价值观和人性的深刻反思。

此外，狄更斯的《匹克威克外传》（*The Pickwick Papers*）也以幽默而生动的描写著称，他通过对小说中各种滑稽人物和搞笑场景的生动描绘，为读者带来了欢笑和娱乐。

在语文教学中，狄更斯的作品可以用来帮助学生提高写作能力和描写技巧。学生可以学习到如何使用形容词、比喻和对比来丰富自己的写作。此外，狄更斯的小说也提供了丰富的社会背景和历史描写，有助于学生理解不同时代的文化和社会。

（二）世界经典名著的语言表达魅力

世界经典名著之所以被誉为经典，一个重要的原因是它们卓越的语言表达。这种卓越的语言表达贯穿于这些经典作品的方方面面，构成了它们引人入胜的文学之美。

1. 词汇的精妙运用

经典名著的作者往往能够巧妙地选择和运用词汇，以精确地表达情感、思想和景象。他们的词汇丰富而多样，能够准确地捕捉到人物的性格特点、场景的氛围和情节的张力。通过对词汇的巧妙运用，这些作品能够让读者沉浸其中，感受到文字的生动和情感的深刻。例如，查尔斯·狄更斯的小说《雾都孤儿》中使用了丰富的词汇来描绘伦敦的贫民窟，如“阴沉的天空下，乌云密布，掩映着那些被破败房屋和破败街道所围绕的地方”。这些词汇不仅令读者看到了景象，还感受到了贫民窟的压抑和绝望。这正是词汇的精妙运用的结果。

2. 句法结构多样性

句法结构在文学创作中扮演着重要的角色。经典名著的作者通常善于运用多样的句法结构，以营造不同的节奏和语气。这种多样性使得作品更具生动性和表现力。例如，威廉·莎士比亚在他的戏剧中运用了各种各样的句法结构，包括复杂的长句、简短的断句、反复出现的修辞问句等。这些句法结构的多样性为角色的对话和独白赋予了独特的魅力，

---

① 李吟. 从《雾都孤儿》看狄更斯小说的现实性与童话性［J］. 巢湖学院学报，2013（5）：119.

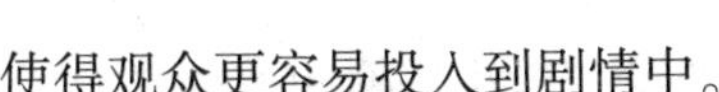

使得观众更容易投入到剧情中。

3. 修辞手法的运用

修辞手法是经典名著中常见的元素之一，它们为作品增添了艺术的色彩和深度。修辞手法包括比喻、排比、对仗、拟人等，它们用来增强文学作品的表现力和感染力。例如，在约翰·斯坦贝克的小说《愤怒的葡萄》中，作者使用了比喻来描述大萧条时期的农民的苦难："他们的生活如同荒凉的沙漠，没有水源，没有希望，只有空虚和渴望。"这个比喻将农民的困境与沙漠的荒凉相类比，使得读者更深刻地理解了他们的痛苦。修辞手法的高超运用不仅能够增强作品的表现力，还能够丰富读者的阅读体验。这些修辞手法常常成为经典名著中的亮点，吸引着读者的目光。

4. 丰富情感的表达

经典名著往往以精湛的语言表达情感。无论是爱情、友情、恐惧、希望还是绝望，这些情感在作品中都得到了深刻而真实的表达。作品的人物形象和情节发展都紧密围绕着情感展开，使得读者能够与之产生共鸣。例如，夏洛特·勃朗特的小说《简·爱》中，主人公简·爱的内心世界充满了复杂的情感，包括孤独、渴望爱情、反抗不平等。作者通过一系列精彩的内心独白表达了简·爱的情感，使得读者能够深刻地感受到她的内心挣扎和成长。

5. 时代文化的反映

经典名著不仅仅是文学作品，它们还常常反映了特定文化和时代的特点。通过作品中的语言和描写，读者能够窥见不同文化的风貌和价值观。这种文化的反映为读者提供了更多的思考和探讨的材料。例如，俄国作家列夫·托尔斯泰的小说《战争与和平》反映了19世纪俄国社会的风貌和人们的价值观。通过小说中的人物对话和思考，读者可以了解到当时社会的动荡和人们对生活、爱情和责任的看法。这种文化的反映使得小说不仅仅是一个故事，更是一扇窗户，让读者看到了不同文化和时代的世界。

（三）世界经典名著的语言表达变化与文学传承

世界经典名著的语言表达不仅仅是文学作品的一部分，它还反映了语言的演变和文学的传承。语言是一个不断变化的工具，随着时间的推移，旧词汇可能会被淘汰，新词汇可能会被引入，语法和语言结构也会随之演变。然而，经典名著的语言之美常常能够跨越时空，依然令人着迷。这也说明了文学作品的传承不仅仅是对内容的传承，更包括对语言的传承。

例如，威廉·莎士比亚的戏剧作品就是语言传承的杰出典范。莎士比亚的词汇和句法结构在他的时代被广泛使用，但随着时间的推移，一些古老的词汇和短语逐渐淡出了日常语言。然而，莎士比亚的戏剧作品的语言之美至今仍然鲜活，他的表达方式，如生存还是毁灭（to be or not to be）、全世界都是一张舞台（all the world´s a stage）等，已经成为英语中的经典表达，深刻地影响了后代文学和表达方式。

又如，查理斯·狄更斯的小说。狄更斯生活在 19 世纪的英国，他的作品反映了那个时代的语言和文化。虽然他所使用的词汇和表达方式在现在听起来可能有些古老，但他的描写和叙事风格却能够深深打动现代读者。以他的小说《雾都孤儿》为例，其中的描写让读者仿佛能够亲身感受到伦敦街头巷尾的景象，这种语言的生动性和表现力是经久不衰的。另外，弗朗茨·卡夫卡的作品同样展现出语言传承的特点。卡夫卡的抽象表达和深刻思考，虽然在当时可能被视为前卫，但至今仍具有强烈的现代感。他的作品所展现出的语言之美以及思考的深度，使得其能够跨越时代，引发读者的深思。

二、世界经典名著与语文教学

语文教育的核心目标之一是培养学生的语言能力。这包括对语法、词汇、修辞等语言要素的掌握，以及对文学作品的理解和鉴赏。通过学习经典名著，学生可以提高语言技能，同时也深入了解文学作品的语言之美。

（一）经典名著在语文教学中的作用分析

经典名著在语文教学中扮演着独特而重要的角色，它们不仅为学生提供了丰富的语言素材，还促进了文学鉴赏和批判性思维能力的培养，同时也激发了学生对语言和文学的浓厚兴趣。

第一，经典名著提供了丰富的语言素材，这些作品来自不同的文化和时代，具有多样化的语言特点。阅读经典名著对于学生而言，是接触和熟悉各种风格和语言习惯的绝佳机会。无论是古典的莎士比亚英语，还是现代的社会用语，都能在这些作品中寻得一二。以莎士比亚的戏剧作品为例，其丰富多样的词汇和表达方式无疑有助于学生扩展词汇量，并提升语言表达能力。此外，诸如查理斯·狄更斯等其他经典名著，也深刻反映了 19 世纪英国社会的语言特色。通过研读这些作品，学生不仅能了解当时的文化背景，还能深入洞察社会语境。

第二，经典名著常常涵盖深刻的思想和复杂的情感，这些作品探讨了人性、社会问题、伦理道德等各种主题，引导学生进行深入的分析和讨论。在教育领域，培养学生的批判性思维和文学鉴赏能力是至关重要的。以莎士比亚的悲剧作品为例，如《哈姆雷特》和《奥赛罗》，这些作品深入挖掘了人物复杂的心理活动和道德选择。通过分析主人公的行为动机和内心冲突，学生们能够提升自己的批判性思维，增强对文学作品的鉴赏能力。同样地，狄更斯的小说，如《雾都孤儿》和《匹克威克外传》，也提供了丰富的素材以供学生深入探讨。这些作品揭示了社会不公与人性中的复杂性，学生们在讨论这些主题的过程中，不仅能提高自己的文学素养，还能对社会问题产生更深刻的关注，培养他们独立思考和解决问题的能力。

第三，经典名著也为语文教学提供了生动的教材。学生往往更容易沉浸于经典名著的故事情节和人物之中，因为这些作品在叙事技巧和角色塑造方面具有独特的魅力。以莎士比亚的著名爱情悲剧《罗密欧与朱丽叶》为例，其激情四溢的爱情故事令人陶醉；再如马克·吐温的幽默小说《汤姆·索亚历险记》，其中的冒险情节引人入胜。这些生动的教材能够充分激发学生的好奇心和学习热情，促使他们更加主动地探索文学的奥秘。因此，在语文课程中，利用经典名著作为教学资源对于提高学生的学习参与度和效果具有积极的影响。

综上所述，经典名著在语文教学中具有丰富的语言素材、深刻的思想探讨和生动的教材特点，它们不仅丰富了学生的语言知识，还培养了他们的文学鉴赏能力和批判性思维，同时也激发了学生对语言和文学的热情。因此，将经典名著纳入语文教学中，有助于实现综合素养的培养，提高学生的语文水平和文化修养。

（二）在语文教学中教授经典名著的注意事项

在语文教学中，教授经典名著确实是一个重要而具有挑战性的任务。为了有效地传授这些作品，教育者需要考虑多个方面，包括作品的选择、教学方法的设计以及学生的深度理解和欣赏。

第一，教育者需要谨慎选择适合的经典名著。在为学生挑选文学作品时，应充分考虑其年龄、语言水平和文学背景。对于年幼的学生，建议选择故事情节简单、语言较为浅显的作品，比如马克·吐温的《汤姆·索亚历险记》。而对于高年级或高水平的学生，则可以选择更具深度和复杂性的作品，如莎士比亚的悲剧或狄更斯的小说。在挑选文学作品时，要平衡挑战性和可理解性，确保学生在阅读过程中能够获得丰富的学习体验。

第二，教育者需要设计有效的教学方法。在传授经典名著的过程中，教师不能仅仅停留在让学生阅读的层面，而应该引导他们深入理解和分析作品。为此，我们需要采用多种教学方法，如课堂讲解、小组讨论、角色扮演和阅读报告等。例如，教师可以组织小组讨论，让学生们分享自己的理解和观点，促进思想的碰撞和交流。此外，引入多媒体资源、演讲和讲座也是不错的选择，可以帮助学生更好地了解作品背景和作者生平，从而更好地理解作品的语言和情感。同时，教师还应鼓励学生自主阅读和探索，培养他们的阅读兴趣和独立思考能力。

第三，教育者需要引导学生深入阅读和思考，激发他们对经典名著的文学兴趣。这可以通过提出深度问题、引导学生探讨作品的主题和意义、鼓励他们进行文学分析等方式实现。例如，教育者可以引导学生分析莎士比亚戏剧中的人物性格和冲突，让他们思考人性和道德抉择的复杂性。或者，教育者可以鼓励学生探讨狄更斯小说中的社会问题和人物命运，培养他们对社会正义和人性的关切。通过深入的阅读和思考，学生能够更好地理解和欣赏经典名著的语言之美，同时也提高了他们的文学鉴赏能力。

第三节　世界经典名著的跨文化理解与文化教育

跨文化理解与文化教育在当今全球化的背景下变得愈加重要。世界经典名著作为文化的精粹，不仅提供了不同文化的视角和价值观，还为促进跨文化理解和文化教育提供了宝贵的资源。

一、世界经典名著的跨文化理解

（一）世界经典名著注重探索文化差异与共通之处

世界经典名著的独特之处在于它们不仅展示了文化之间的差异，还突显了人类的共通之处。虽然不同文化拥有各自的传统、价值观和历史背景，但经典作品常常深刻地反映了人类的情感、人性特征以及普世的生活经验。通过探讨这些作品，读者不仅能够了解不同文化的独特之处，还能够发现人类共通的情感和生活主题，这有助于促进跨文化理解和增进文化敏感度。

1. 世界经典名著的共通主题

世界经典名著中的共通主题常常涉及人类的情感、价值观和人性。这些主题超越了文化的边界，使不同背景的读者能够产生共鸣和理解。

（1）爱与情感。爱是一个普世的主题，存在于各种文化中。世界经典名著中常常探讨爱的不同形式，包括亲情、友情和爱情。例如，夏洛特·勃朗特的《简·爱》描写了女主角简·爱在面对社会阶级和性别差异时，如何坚守自己的爱情信仰。这个故事中的爱情主题是跨文化的，读者不论来自何种文化背景，都能够理解和欣赏。

(2) 孤独与探索：许多经典名著都涉及孤独和自我探索的主题。这些主题是人类生活中普遍存在的，与文化无关。例如，塞尔万·马罗的《小王子》讲述了一个孤独的王子与各种奇特的星球居民相遇，并通过这些遭遇来探索人性和友谊的故事。无论读者来自哪种文化，都能够理解和感受到小王子的内心挣扎和成长。

(3) 成长与自我发现：成长和自我发现是人类生命过程中不可或缺的一部分。许多经典名著都探讨了主人公的成长历程和对自我的认识。例如，马克·吐温的《汤姆·索亚历险记》描述了年轻汤姆·索亚在童年时期的冒险和成长。这个故事中的成长主题是普遍的，读者能够与主人公的成长经历产生共鸣。

2. 世界经典名著促进文化理解

通过阅读世界经典名著，读者可以认识到文化之间的差异，同时也能够发现人类共通的情感和经验。这有助于减少对他人文化的偏见，促进跨文化理解。首先，经典作品中的共通主题和情感经验使读者能够更好地理解不同文化的人们。当读者发现自己与书中的角色有共通之处时，他们更容易理解和尊重其他文化的个体经历。其次，经典作品提供了一个了解其他文化背景的窗口。通过阅读这些作品，读者可以了解其他文化的社会结构、传统和价值观，从而增进对其他文化的认知。最后，经典作品还鼓励读者进行跨文化对话和交流。读者可以通过分享对书中情节和主题的理解，与来自不同文化背景的人进行交流，这有助于建立更深入的跨文化联系。

总而言之，通过世界经典名著，读者能够深入了解不同文化的叙事传统、价值观和思维方式，有助于减少文化偏见、促进跨文化理解和增进文化敏感度。因此，在文化教育和跨文化教育的过程中，世界经典名著的作用不容忽视，它们为促进全球公民的培养提供了重要的资源和工具。

（二）世界经典名著可以反映不同文化的叙事视角

第一，中国文学的叙事。中国古典文学作品，诸如《红楼梦》和《西游记》，充分展现了中华文学的叙事传统之深厚。这些作品以独特的手法塑造角色、编织情节，并传递了深刻的价值观。以《红楼梦》为例，这部小说凭借精致的叙事手法和细腻的情感表达，描绘了中国封建社会的盛衰史，同时展现了人性的复杂性。阅读此类作品，使读者得以领略中华文学在情感表达和人物心理刻画上的突出特点。此外，中华文学还擅长运用寓言和象征手法来传达深邃的哲学思想和道德观念。在《红楼梦》中，某些人物和情节便被巧妙地寓言化，成为传递特定道德教训的载体。这种叙事方式令读者在欣赏文学作品的同时，探寻其中蕴藏的深层次意义，尽显中华文学之巧妙。

第二，印度文学的神话与哲学。印度的文学传统自古以来一直受到哲学等方面的深刻影响。印度的经典名著，如《摩诃婆罗多》（*Mahabharata*）和《罗摩衍那》（*Ramayana*），常常涵盖了丰富的神话、传说和哲学思考。这些作品反映了印度文学的独特之处。在印度文学中，神话故事经常被融入叙事中，以传达关于生命与道德的重要教训。例如，《摩诃婆罗多》中包含了关于义务、命运和道德选择的复杂叙事，这些叙事反映了印度哲学的核心概念。此外，印度文学也以色彩斑斓的神话故事和神祇形象而闻名，这些元素丰富了叙事的多样性，深化了作品的内涵。

综上可以发现通过阅读各类文化经典名著，读者可以显著提升跨文化理解能力。首先，他们能够感受到不同文化在叙事方式上的独特性，比如情节构建、人物塑造和情感表达。这无疑有助于深化读者对其他文化文学传统的认知，同时也提升了他们的文化敏感度。其次，经典名著常常涉及深刻的价值观和哲学问题，这些问题在不同的文化背景下可能有不同的答案。通过深入探讨这些作品的主题，读者可以更深入地理解其他文化的思维方式与核心价值观。这不仅有助于消除文化偏见，更有助于推动文化间的对话和理解。最后，经典名著中的文化元素和背景信息为读者提供了丰富的文化背景知识，帮助他们更好地理解作品中的情境和内涵。例如，在阅读印度文学作品时，如果了解印度教的基本概念和传统习俗，将有助于读者更深入地理解作品中的文化元素。

二、世界经典名著的文化教育

（一）世界经典名著在文化教育中的作用

第一，经典名著是通向其他文化的窗口，它们为学生提供了深入了解不同文化的机会。通过阅读这些作品，学生可以深入了解其他国家和地区的历史、社会、价值观和文化传统。例如，通过阅读俄国文学名著如陀思妥耶夫斯基的《罪与罚》，学生可以窥见19世纪俄罗斯社会的困境和精神状况。通过阅读中国文学名著如鲁迅的《阿Q正传》，学生可以了解中国社会的传统观念和道德观。这样的文化深度有助于学生超越表面的认知，更深入地理解其他文化。

第二，文化敏感度的培养。在全球化日盛的背景下，具备文化敏感度已成为一项至关重要的能力。文化敏感度，简言之，是对其他文化的理解、尊重与欣赏。经典名著在培养学生的文化敏感度方面具有显著作用，能助力他们更自如地与来自不同文化背景的人共事与交流。通过深入剖析经典名著中的文化元素，如价值观、礼仪、信仰等，学生的文化理解与尊重将得到有效提升。这样的文化敏感度，不仅对跨文化交流大有裨益，还能有效减少文化冲突与误解。

第三，在多元文化社会中，多元文化教育变得越来越重要。经典名著可以成为多元文化教育的有力支持，它们提供了反映不同文化和多样性的素材。通过研究这些作品，学生可以更好地理解多元文化社会的构成和挑战，培养包容性和多元化思维。

第四，文学作为一种艺术表达形式，常常融汇文化的各个方面。文学名著在传承和弘扬文化中起着举足轻重的作用。它们通过细腻的人物塑造、生动的故事情节和富有哲理的对话，将文化元素巧妙地融入其中。学生们在研读这些名著的过程中，不仅能够学习到文学创作的技巧，还能够深入挖掘文化因素如何影响和塑造作品的情感、主题和背景。这种学习经历将有助于提升学生们对文学与文化关系的认知水平，并增强他们对文学作品的深刻理解和文化敏感度。

（二）世界经典名著促进文化对话和理解

经典名著作为文化对话与理解的工具，具有深远的意义。教育者应利用经典名著组织文化对话活动，如小组讨论、课堂辩论和文学圈子等，以促进学生之间的交流与学习。这些活动不仅有助于拓宽学生的文化视野，还有助于建立友好的学术和社交关系。通过聚焦经典名著中的文化差异和相似之处，学生可以更深入地理解不同文化的多样性，并找到文化之间的联系点。此外，教育者还应强调尊重差异和合作的重要性，以培养学生的文化敏感度和多元文化合作能力。总的来说，利用经典名著作为文化对话与理解的工具，可以促进学生之间的互相了解与尊重，为建设更和谐的社会奠定基础。

第四节　网络时代汉语言文学经典的阅读与体验

随着信息技术的发展，智能终端使用的人数大幅度增加，人们可使用手机等智能设备进行阅读，实现网络化阅读，这使传统的阅读方式受到了一定的影响。在网络时代，信息传播已经发生了革命性的变化，互联网的普及和智能手机的普及让人们能够随时随地获取各种文学作品。汉语言文学作为中国传统文化的重要组成部分，在网络时代同样经历了巨大的变革。经典文学作品如何在这个信息量很大的时代得以传承和传播，如何激发读者的兴趣，如何在电子书、社交媒体等新兴媒介中焕发新的生命力，这些都是当前值得深入研

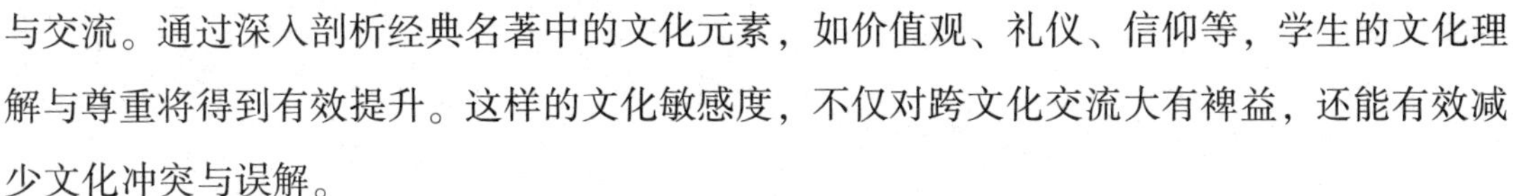

究的课题。

一、社交媒体与文学传播间的互动

社交媒体的兴起也为汉语文学经典的传播带来了新的机遇。微博、微信、豆瓣读书等社交媒体平台成为读者分享文学作品的重要场所。读者可以在社交媒体上发布自己对文学作品的评论、感想，与其他读者互动讨论。此外，一些作家、文学爱好者也在社交媒体上建立了自己的账号，与读者交流、分享创作，这种社交媒体上的文学互动不仅促进了读者之间的交流，还提高了文学作品的知名度。当一篇文章或一部小说在社交媒体上获得广泛传播和讨论时，它的影响力也会迅速扩大。这种现象在网络小说中尤为明显，一些网络小说通过社交媒体的口碑传播，最终被改编成电视剧或电影，进一步推广了文学作品。

二、电子书与文学作品的数字化阅读

随着互联网的广泛普及，电子书阅读方式正逐渐崭露头角，中国传统文学作品也开始纷纷推出电子版，以迎合数字时代读者不断增长的阅读需求。电子书的优势之一在于其出色的便携性，读者可以随时随地在各种电子设备上享受阅读体验，而无须承受沉重的纸质书籍。此外，电子书还提供了一系列增值功能，如全文搜索、书签管理、互动评论等，极大地丰富了读者的阅读体验，为他们提供了更多互动和个性化的选择。这种数字阅读的兴起已经成为现代文学世界的一大趋势，将文学作品带入了数字时代的全新篇章。

以《红楼梦》为例，这部中国古典文学的经典之作早已有了电子版。读者可以在各种电子设备上下载阅读，不论是在家中的平板电脑上还是在地铁上的智能手机上，都可以随时随地畅享这部文学巨著。电子版还提供了搜索功能，读者可以方便地查找人物关系、情节等内容，极大地方便了阅读。

三、文学网站与移动阅读平台的传播

除了电子书，文学网站和移动阅读平台已经成为汉语文学经典数字化传播的重要渠道，这些平台为广大读者提供了一个无限广阔的文学世界，涵盖了古典和现代文学作品，包括小说、诗歌、散文等各种文学体裁。无须下载或购买，读者只须在线浏览，即可随时随地畅享文学之美。这些文学网站和移动阅读平台以便捷性而备受欢迎。读者无须担心携带沉重的书籍，而是可以轻松地在手机、平板电脑或电脑上畅快阅读。这种无缝的数字化体验为人们的生活带来了极大的便利，尤其是在繁忙的现代生活中，允许人们随时随地与文学互动。此外，一些文学平台还积极支持用户上传自己的文学创作，从而促进了文学创作和传播的互动，这为新兴作家提供了一个展示才华的平台，使他们的作品能够被更广泛的读者发现和欣赏。这种互动性不仅丰富了文学创作的多样性，也拉近了作者与读者之间的距离，创造了更紧密的文学社区。

总而言之，文学网站和移动阅读平台已经成为汉语文学经典数字化传播的重要推动力量。它们以便捷性、多样性和互动性，为读者带来了全新的文学体验，让文学的魅力更加普及和持久。在数字化时代，文学依然是一个不可或缺的文化宝藏，而这些平台正是连接读者与这一宝藏的桥梁，将文学之美传播得更加广泛和深入。

四、阅读互动与社群建设

网络时代的汉语言文学经典阅读已经经历了巨大的变革，其中阅读互动与社群建设成为主要的特征之一，这种新的方式不仅改变了人们对文学作品的阅读方式，还丰富了阅读体验和文学交流。

阅读互动在网络时代取得了前所未有的发展。读者不再是被动的接受者，而是可以积极参与到文学作品中。在线评论、读后感分享、书评等社交媒体工具使得读者可以表达自己的看法、思考和情感，与其他读者交流和互动。这种互动不仅加深了读者对作品的理解，还为他们提供了分享和交流的平台，让阅读成为一种更具社交性的活动。

社群建设是网络时代汉语言文学阅读的另一个显著特点。在线阅读社群以共同的文学兴趣为基础，会聚了一群喜欢相同文学作品或作者的读者。这些社群通常包括在线讨论组、书评网站、社交媒体群组等，让读者可以深入研究和讨论他们所关心的文学话题。这种社群建设不仅为读者提供了一个交流和学习的平台，还促进了文学作品的更广泛传播。此外，阅读互动与社群建设也为作家和文学创作者提供了更多的机会。他们可以直接与读者互动，听取反馈，了解读者的需求和期望，从而更好地创作作品。此外，一些作家也在社交媒体上建立了自己的粉丝社群，与读者建立更紧密的联系，促进了个人品牌的建设和作品的宣传。

需要注意的是，网络时代的汉语言文学阅读也面临一些挑战。信息过载、网络谣言和侵犯隐私等问题也伴随而来。因此，文学社群和平台需要采取适当的措施来确保文学讨论的质量和真实性。

五、个性化推荐与定制化阅读

在数字化阅读时代，个性化推荐和定制化汉语言文学经典阅读已经成为阅读体验的重要组成部分，这两个概念为读者提供了更加个性化和针对性的阅读建议，从而丰富了他们的阅读选择和乐趣。

个性化推荐是指根据读者的阅读历史、兴趣爱好、喜好和阅读习惯等个人信息，通过算法和人工智能技术，向他们推荐可能感兴趣的书籍、文章或内容，这种个性化推荐可以帮助读者更快速地找到符合其口味的阅读材料，节省了寻找书籍的时间，提高了阅读的效率。例如，在许多在线书店和阅读应用中，系统会根据用户过去的购买记录和阅读历史向他们推荐相关主题的书籍或作者的新作品。

定制化阅读则更进一步，它允许读者根据自己的需求和兴趣，自行选择阅读内容的特定部分，甚至对内容进行定制化的修改。这种方式更加灵活，适用于不同类型的读者。例如，一些新闻应用允许用户选择他们关心的新闻主题，然后定制一个专属的新闻流，只显示与这些主题相关的新闻。

个性化推荐与定制化阅读这两个概念的出现在很大程度上改变了传统阅读的方式，它们让每个读者都能够获得独特的阅读体验，不再受限于通用的出版物。此外，它们还可以推动更多人投身到阅读的世界中，因为个性化推荐和定制化阅读可以使阅读更加吸引人和容易上手。然而，尽管个性化推荐和定制化阅读为读者提供了许多便利，也引发了一些争议。人们担心过于依赖算法可能导致信息茧房化，使人们只接触到与他们意见相符的信息，而忽视了多样性和不同观点的重要性。因此，如何平衡个性化推荐与广泛阅读的需求成为一个值得探讨的问题。

六、多媒体阅读体验的发展

汉语言文学经典的多媒体阅读体验已经在数字时代取得了较大的发展，这种体验不仅丰富了传统文学作品的表现形式，还为读者提供了更加沉浸式和多样化的阅读方式。一种主要的多媒体阅读体验是音频阅读。通过音频化文学作品，读者可以通过听觉感受文学作品的魅力，这种方式常常包括有声读物、有声书籍以及配有音乐的文学朗诵等。通过听作者或专业演员的朗读，读者可以更好地理解作品的语调、情感和节奏，使阅读体验更加生动和深刻。此外，一些在线平台还提供了作者采访、讨论和背后故事的音频内容，为读者提供了更丰富的文学背景信息。

视频阅读也是多媒体阅读体验的一部分。许多文学作品被改编成电影、电视剧或短片，这些作品通过图像、音乐和演员的表演将文学作品呈现给观众。这种方式不仅为文学作品增加了视觉和听觉元素，还吸引了更多的观众，包括那些可能不太习惯传统文学阅读的人。此外，一些文学平台也制作了短视频或动画来解释文学作品的情节和主题，以帮助读者更好地理解作品。

我们还可以通过在线平台，参与到文学作品中，如选择自己的故事发展方向、参与虚拟世界中的角色扮演游戏等，这种互动性让读者成为故事的一部分，创造了更加个性化和参与度高的阅读体验。例如，虚拟现实（VR）和增强现实（AR）技术在文学阅读领域崭露头角。通过 VR 和 AR，读者可以身临其境地探索文学作品的场景，与其中的角色互动，感受到更加身临其境的阅读体验。

总体而言，汉语言文学经典的多媒体阅读体验为读者提供了更加多样和丰富的方式来理解和欣赏文学作品，这种数字化的阅读体验不仅吸引了更多的读者，也为文学作品的传播和推广提供了新的途径。然而，与此同时，我们也需要保持对文学本身的尊重和理解，确保多媒体阅读不会削弱作品的原汁原味，而是增强了文学作品的吸引力和深度。

第五节　汉语言文学中外国文学教学模式构建

教学模式是指在一定教学思想或教学理论指导下建立起来的较为稳定的教学活动结构框架和活动程序。作为教育理论向教学实践转化的桥梁，教学模式的构建须充分考虑教育目标、教学内容、教学方法、评价方式等多个因素。在汉语言文学中，外国文学教学模式的构建应遵循学科特点，注重培养学生的跨文化交际能力和批判性思维。

一、汉语言文学中外国文学教学模式构建现状

当前，我国汉语言文学中外国文学教学主要存在以下问题。

第一，教材内容陈旧：教材更新速度缓慢，未能及时反映外国文学发展的最新动态。

第二，教学方法单一：过于依赖传统讲授式教学，忽视了学生的主体地位和创新能力培养。

第三，文化背景缺失：教学中缺乏对外国文化背景的深入挖掘，导致学生对文学作品的理解停留在表面。

第四，评价体系不完善：评价方式过于注重记忆和应试能力，忽视了对学生实际运用能力的考察。

二、汉语言文学中外国文学教学模式构建策略

第一，更新教材内容：结合外国文学发展动态，定期更新教材，确保教学内容的前沿性。同时，引入不同国家、不同文化背景的文学作品，以增强学生对多元文化的认知。

第二，多元化教学方法：采用启发式教学、案例分析、小组讨论等多种教学方法，激发学生的学习兴趣，培养其独立思考和解决问题的能力。此外，利用多媒体和网络教学资源，开展线上线下相结合的教学活动，提高教学效果。

第三，加强文化背景教学：教师在教学中应注重对外国文化背景的介绍，引导学生深入挖掘文学作品背后的文化内涵。通过对比中外文化差异，培养学生的跨文化交际能力，使其更好地理解和欣赏外国文学作品。

第四，完善评价体系：评价方式应多元化，注重过程评价和学生实际运用能力的考察。可采用论文撰写、课堂展示、小组讨论等多种形式，综合评价学生的学习效果。同时，引入第三方评价机制，以客观、公正地反映学生的学习水平。

第五，提高教师素质：加强教师队伍建设，提高教师的专业素养和跨文化交际能力。定期组织教师培训和学术交流活动，促进教师之间的合作与共同进步。鼓励教师开展科研工作，以科研促教学，推动外国文学教学模式的创新与发展。

第六，实践教学环节：在教学模式中增加实践教学环节，如外国文学名著改编的话剧表演、翻译实践等。通过实践活动，让学生亲身体验外国文学作品的艺术魅力，提高其跨文化交际能力和实际操作能力。同时，实践教学还有助于培养学生的团队协作精神和实践创新能力。

第七，利用现代技术手段：将现代技术手段引入外国文学教学模式中，如使用在线课程、数字化教学资源等。这不仅可以丰富教学手段，提高教学效果，还能激发学生的学习兴趣和积极性。例如，利用数字化教学资源库建设外国文学专题网站，为学生提供丰富的阅读材料和参考资料；通过在线课程平台实现翻转课堂等创新教学方式，加强师生互动和个性化指导。

第四章 汉语言文学与古典文献学教学模式

第一节 汉语言文学的教学理念与特点

一、汉语言文学的教学理念

（一）古代汉语言文学中的课程思政理念解读

1. 古代汉语语言学中的育人价值

作为中国传统文化核心构成部分的古代汉语，历经千年沉淀，展现出深厚而丰富的内涵。它不仅承载着博大精深的文化底蕴，而且已成为思想文化领域中不可或缺的宝库。深入探索古代汉语，我们会发现其中蕴含着丰富的哲学思想、道德伦理观念，以及各种艺术与文化典籍。更值得注意的是，在梳理古代汉语的文化体系时，我们不难发现其中所蕴含的思政元素。

古代汉语课程内容中确实蕴含着丰富的思政元素，这些元素包括哲学元素、道德修养元素以及文化元素等，它们都具备极高的教育价值。哲学元素中蕴含的宇宙观、大局观、人生观、社会观等观念，有助于学生树立正确的价值观。道德修养元素中的学习观、道德观、修身观等观念，有助于培养学生的道德修养。文化元素中丰富的正面人物形象与文化精髓，不仅能提高学生的文化内涵，还能提升他们的精神追求。这些珍贵的文化元素能潜移默化地影响学生的行为举止，健全他们的人格品质，培养出符合社会需求的人才。

2. 课程思政理念下的古代汉语教学创新途径

为了将思政教育更好地融入古代汉语教学中，必须进行教学创新。对于教学创新，一般从三个方面入手，分别是教学理念、教学内容、教学方法。下面着重围绕以上三方面的内容进行深入探讨。

（1）树立“课程思政”教学理念。在推进古代汉语教学的思政教育融合过程中，我们应牢固树立“课程思政”的教学理念。为了实现这一目标，古代汉语教师须从以下四个关键方面着手：首先，深入理解“课程思政”的理论背景及其内涵和要求，确保在教学实践中始终坚持“立德树人”的根本任务，实现教书与育人的有机结合。其次，“课程思政”能够为古代汉语教学内容注入新的活力。利用这一优势，我们应精心筛选出与思政教育相关的德育元素，从而在古代汉语与思政教育之间建立起有效的联系。这不仅有助于从传统文化中汲取德育养分，促进学生良好思想品格的形成；而且还能根据学生的实际情况，将专业理论与思政教育进行有机融合，找准二者之间的契合点，使学生在专业学习中自然而然地接受思政教育。再次，对于“课程思政”和“思政课程”这两种教学形式，我们应准确把握其内在联系和区别，避免将古代汉语课程简单地转化为另一种形式的思政课程。最后，将古代汉语元素与现代生活紧密结合，使中国传统文化和古代汉语在现实生活中得以广泛运用和传播，增加其时代特征和现代意义。

（2）课堂讲授集中展示教学内容。基于课程思政理念，在古代汉语教学过程中要将“少教多学”理念与课程思政理念结合起来。一是教学内容方面，要进行深入总结，选取精华部分，例如，围绕古代典籍《论语》就可以开展思政教育，《论语》本身就蕴含着丰富的思政元素，《论语》中的学习观、信任观以及修身观等都可以开展相关的思政教育课程。在课前教学内容设计环节，教师一定要认真收集资料和分析资料，认真设计教学内容和教学方法。二是教学方法方面，教学要不断地进行创新，在课堂上要科学地教、创造地教，通过行之有效的方式将内容展示给学生，使内容通俗易懂，提高学生在课堂上的兴趣。

（3）第二课堂巩固提高。在古代汉语教学中融入思政理念，这无形中增加了学生学习古代汉语的难度。针对这种情况，开展古代汉语教学第二课程，能够很好地缓解这种情况：①增加学生课外实践活动，可以组织学生参观与古代汉语课程内容相关的名胜古迹，将课程内容与实际相结合，既能够拓展教学内容，提高学生学习的兴趣，又能够促进学生对思政内容的思考；②可以开展古代汉语知识竞赛，提高学生学习的主动性和积极性；③可以引导学生对古代汉语中的思政元素进行评判和分析，甚至可以将评判和分析的过程和结果撰写成一篇论文，在这个过程中，引导学生进行深入思考；④可以利用互联网，在网络上举办古代汉语论坛，进一步拓展古代汉语知识，提高学生对古代汉语的学习效果。

（4）翻转课堂精心引导。思政教育往往是灌输式的和说教式的，也是比较枯燥的，很容易引起学生的反感。在古代汉语教学过程中，如果直接地进行思政教育，那么一定会引起学生的抵触情绪。因此，基于课程思政理念，古代汉语教学可以开展“翻转课堂”教学活动：①在课堂上转变教师主体的地位，将学习的决定权交给学生，教师在其中发挥引导作用，提高学生对于学习内容和学习方法的自主选择性；②教师要引导学生之间进行合作学习，可以让学生以小组为单位共同探讨一些问题；③教师要增加与学生之间的交流，引导每一个学生进行深入思考，提高学生分析问题和解决问题的能力；④在课后，教师要引导学生学会总结，增加学习内容，提高学生的学习自主性。

（5）开辟古代汉语思政教学微课堂。目前多数学生想了解更多古代汉语知识，但是又不愿意花费太多的时间和精力去学习。为了提高学生对于古代汉语学习的兴趣和欲望，可以开展古代汉语微课堂。虽然古代汉语微课堂的开展，增加了教师的教学工作量，但是取得的教学效果是值得欣慰的。在微课堂教学过程中：一是在课前，要精心准备古代汉语课程思政的课件；二是课程内容要与学生学习的兴趣相契合，对于课程的知识点要进行深入讲解；三是创新讲课方式，针对不同的内容可以采用不同风格的讲课方式。

（二）基于 OBE 教育理念下的现代汉语教学

现代汉语是新闻学和传播学专业学生的必修课，其目的主要是提高学生的语言表达能力和文字应用能力。而 OBE 教育理念①重点关注的是教学过程中学生学习的成果，以学生在教学过程中能够取得的学习成果为目标，并根据这个目标进行教学活动组织。

1. 完善现代汉语课程教学

（1）指导学生搜集语言材料。OBE 教育理念所强调的是教育的实用性。在现代汉语课程教学过程中，提高内容的实用性，一般通过结合一些语言材料向学生传授理论知识，这些语言材料包括新闻稿件、广告用语、新闻采编与播报等。在现代汉语课程实践教学中，应用大量的新闻传播案例，对新闻学和传播学专业的学生的专业素养发挥着重要的促进作用，能够提高他们的语言表达和文字应用能力，也能够提高他们新闻采访和写作的能力。因此，在教学过程中，要让学生多多搜集一些语言材料，可以从电视中搜集，也可以从报刊中搜集，更可以从网络中搜集，可以指导学生运用现代汉语知识对不同的语言材料进行不同的分析，如针对搜集的新闻材料，可以对标题的语言特色进行分析，对新闻媒体语言的使用规范进行分析，对主持人的语言特征进行分析，进一步引导学生学习新闻材料中精练准确的语言表达，也可以引导学生对这些新闻材料进行模仿写作，以此来提高学生的语言表达能力和写作能力。在教学过程中，教师也可以组织学生搜集一些媒体语言使用不规范的新闻材料，从而促进学生对语言规范性的认识。

（2）线上教学与线下教学相结合。线上线下混合教学模式的开展，有力地弥补了既定

---

① OBE（Outcome Based Education，OBE）教育理念，又称为成果导向教育、能力导向教育、目标导向教育或需求导向教育。

学时不够的问题。在线上线下混合教学模式开展的过程中，线上教学可以让学生自主学习一些理论知识，在课前环节，将教学资料（大纲、讲义、课件等）在学校提供的线上学习平台上进行发布；在课后环节，要及时布置作业，也可以安排一些让学生可以自学的内容。针对线上教学，教师可以通过学生对课后作业的完成情况以及线上回复，对学生的学习情况进行了解。课件中需要深入讲解的内容，可以采用微课和慕课的方式对某一知识点进行详细讲解。

而线下教学的重点是实践教学，在线下课堂上帮助学生解决自学过程中难以理解和难以消化的内容。除此之外，教师还可以充分利用学习群，在学习群布置作业，如让学生撰写新闻稿并发布一些写作要求，学生按照要求写完之后将新闻稿上传到学习群，通过小组之间互相批改的方式，找出新闻稿中语法或者语言使用不规范或者不恰当的地方，然后可以引导学生分析自己失误的原因，在小组内进行错误改正，在这个过程中，教师要全程跟踪，发挥其引导作用，以帮助学生解决小组内无法处理的问题。

2. 优化现代汉语课程评价

基于 OBE 教育理念，依据学习成果的要求对评价方式进行一定的调整，丰富综合考评形式，将评价体系进行优化，在平时与期末评价相结合，将线上和线下评价相结合，将课内和课外评价相结合，构建综合多样的评价体系。在教学过程中，应用压缩目标性评价，能够提高过程性评价在评价体系中的占比。过程性评价能够对线上和线下的学习活动进行评价。线上评价是要对教学视频学习、学习测评、讨论发言、活动参与等进行分别评价和综合评价，线下评价则要对学生上课的考勤、课堂上的表现、课后作业的完成情况等进行分别评价和综合评价。

作为教师，在过程性评价的过程中要重视考核质量，要将课堂上学生参与互动、讨论等活动的积极性纳入过程性评价，也要将学生搜集资料的能力以及参加实践活动的投入程度纳入过程性评价。除此之外，也可以将学生在学生中的自我成长纳入过程性评价，从而提高学生对汉语学习的兴趣，提高学生主观能动性，促进学生在学习中不断成长，不断超越自我。

3. 增加现代汉语教学实践

基于 OBE 教育理念，文学类专业在构建现代汉语课程体系时，应注重实践教学，以满足学生专业技能提升和未来就业需求。在实践教学环节中，应着重提高学生的汉语听、说、读、写技能，加强规范使用汉语的能力，促进学生普通话水平的提高。针对汉语语音部分，可增加朗读实践教学活动；汉字部分，可开展汉字书法大赛，或在课堂上播放汉字

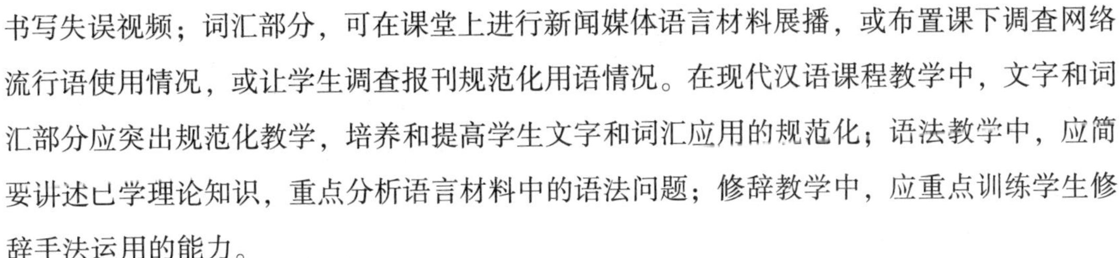

书写失误视频；词汇部分，可在课堂上进行新闻媒体语言材料展播，或布置课下调查网络流行语使用情况，或让学生调查报刊规范化用语情况。在现代汉语课程教学中，文字和词汇部分应突出规范化教学，培养和提高学生文字和词汇应用的规范化；语法教学中，应简要讲述已学理论知识，重点分析语言材料中的语法问题；修辞教学中，应重点训练学生修辞手法运用的能力。

二、汉语言文学的特点分析

（一）从技术教育向着人文教育转移

教育的形式主要体现在技术方面，教育的实质主要体现在人文方面。技术教育的目的主要是向学生传授知识和技术，而人文教育的侧重点则主要在于学生人格和素养的培养和提升。汉语言是中国传统文化传承的载体，带有浓郁的人文色彩。因此，学习汉语言文化，能够在无形中提高人的文化气质，进而丰富人的精神文化世界。另外，教师在教学过程中，除了向学生传授专业知识，还要向学生传授仁善美的人性理念，帮助学生树立正确的价值观和社会观。教师在教学过程中，要以热爱教育、甘愿为教育奉献的态度，时刻关怀学生，将自己的知识和正确的观念传授给学生，进而培养和提高学生的综合素质、民族意识以及人文精神。

（二）转换教学主体并优化课程设置

汉语言知识重在理解，而理解则需要将学生的主观能动性调动起来，换言之，学生在汉语言文学课堂上占据主体地位。在传统教学模式中，一般是教师授课为主，学生被动学习，出现了本末倒置。因此，在汉语言文学课堂上，教师应该转变以往的教学观念，要以学生为主，进而创新教学模式，提高学生学习汉语的主动性。在高等教育体系中，汉语言文学的课程有必修课和选修课，必修课一般为汉语言文学专业学生在高等教育阶段必须学习的专业课程，而且必修课对学生的要求也比较高，主要体现在文学修养和专业知识方面。

汉语言教师在教学过程中要注重加深汉语言文化知识，并且将汉语言知识延伸到相关的其他领域，从而丰富学生的专业知识和文化修养。选修课一般体现在学生实践方面，也就是实践课，其主要目的是提高汉语言的实际应用能力。选修课的设置为学生未来的就业奠定了一定的基础，为学生增加了更多锻炼的机会。教师在实践课程教学过程中，要将教学内容与当下的新形势相结合，以及向学生传授汉语言在现实生活中的应用情况，让学生在学习中获得收获。专业课和实践课教学过程中，最终体现的效果是有所不同的，因此，教师可以根据这种不同优化课程设置，从而促进汉语言学生的全面发展。

（三）汉语语言教学逐渐国际化发展

随着中国的发展和国际地位的提高，汉语逐渐走向国际化，走出中国国门，这是一个客观的进程和必然的结果。目前，随着汉语国际化的进程，汉语教育也在不断走向国际化，汉语教育的组织制度越来越健全，师资队伍越来越壮大，国际化教材资源越来越成熟等，都体现了汉语教育取得一定的进展，在一定程度上推动了汉语教育国际化的脚步。

1. 汉语师资培养体系日益立体化

汉语师资培养体系的立体化主要强调汉语师资培养体系的多维性和时空性。在时间维度上，我国不断派出孔子学院的中方院长、教师、志愿者。目前，我国已向众多国家派出孔子学院中方院长、教师、志愿者，同时，也为许多国家培养了本土教师。但是整体而言，本土教师的培养数量还是不能满足国外社会的需求。空间维度上，不断拓宽培养本土教师的渠道，如我国与国外大学合作建立汉语师范专业。在后现代主义理论思潮及教育国际化理论的影响下，汉语师资培养体系日益完善，也日益多元化，重点体现在培养内容和培养方式方面。孔子学院的教师培养内容主要体现在课程内容涉及情意、知识和技能三大领域。本土汉语教师培养方式的多元化具体表现为：一是培训孔子学院的本土教师；二是建立外国本土汉语教师合作培养项目；三是招收外国学生攻读汉语国际教育硕士专业学位，设立外国奖学金。这种立体化的汉语师资培养体系，充分利用了双方有利条件，提高了汉语教育国际化的主动权。

2. 汉语教育教材资源日趋成熟化

汉语教育国家化的重要保障之一就是汉语教育教材资源，针对汉语教材的编写工作，国家汉办高度重视。目前，与汉语教育国际化相关的教材数量很多，其中不乏纲领性的教材——《国际汉语教学通用课程大纲》。随着现代信息化的逐渐发展，《国际汉语教材编写指南》也在网络平台上线，而用户只要选定相应的指标，如教学对象、等级、话题等，系统会为用户提供相应的讲义、教材以及教学辅助材料，由此实现了汉语国际教育教材“从无到有，从有到优”的转变。与此同时，我国还建成了“教学资源版权数据库”。另外，“孔子学院数字图书馆”正式启动会员制运营模式，新增连环画、视频、外文书籍等资源，上线各类资源数十万种。除此之外，国家汉办也提高了与国际的合作，共同开发和研制本土教材，如与英国剑桥大学出版社等合作开发中文教学资源。

3. 汉语教育发展路径越显多元化

随着汉语教育国际化的发展，汉语教育发展路径越显多元化，符合了全球化发展的多元态势。目前，汉语教育国际化的实施机构和途径主要包括孔子学院（课堂）、跨境合作办学（如华南师大与印尼共建的“亚洲国际友好学院”）、汉语国际推广基地、各类文化体验和文化之旅（如汉语夏令营、海外华裔寻根之旅等）。在汉语教育国际化进程中，孔子学院以及课堂数量也保持了不断增加的态势。

此外，汉语教育国际项目也日益多样化。例如，孔子学院陆续开发了一系列的国际项目，旨在提高汉语教育的国际化水平，主要包括“孔子新汉学计划”“理解中国”项目和“青年领袖”项目等。如“孔子新汉学计划”向全球招收数十个中外联合博士生，就读于北京大学等中国高校，并通过实行开门办学，全国聘用导师的方式，开创了中外联合培养人文交流高端人才的新模式。汉语教育的实施将不同国家的语言与中华民族文化相融合，充分体现了汉语教育国际化也在不断地提高。

4. 汉语教育实践活动凸显文化性

在汉语教育实践活动中体现文化属性，这是汉语教育教学非常重要的一部分，同时也反映了汉语教育国际化逐渐从语言转向文化，并且也逐渐向语言和文化相融合的多元趋势发展。这种多元趋势与来自全球各地不同背景学生数量的增加息息相关，这些实践活动具体包括开设中华文化特色课程、举办丰富多彩的文化活动等。例如，各孔子学院依据自身优势开设了各种各样的中华文化课程，全方位地介绍中国社会的全新面貌，如政治、经济、文化、民俗等，同时还有些孔子学院利用中华传统的节日，如春节、元宵、中秋等，开展一系列富有特色的活动，让外国人在活动中了解中华民族的文化，也能够让外国人感受中国文化价值，从而提高外国人对汉语学习的热情和对中国文化的兴趣。不管是课程活动还是文化活动，都突出汉语文化的重要地位，同时也体现了汉语语言和文化的国际交融态势。

（四）创新改革汉语言文学教育理念

随着社会和科技的不断发展，信息化时代的到来在一定程度上改变了教育理念，教育的方向越来越从重视学生的专业技能转向重视学生的人文素养。学校肩负着促进学生全面发展的责任，始终秉持着以学生为本的教育理念。

在教育理念的革新中，教师须发挥主导作用，对汉语教学体系进行完善，并始终以学生个体发展为核心。在汉语言文学语言学的教学过程中，若要将新的教育理念融入其中，必须做到以下四点：首先，明确汉语教育的核心目标；其次，重视培养学生的文化素养；再次，开设多元化的自主学习课堂，激发学生的自主能动性；最后，引导学生将所学知识与实际应用相结合，提升他们的实践能力。对于教师而言，新教育理念具有重要的指导意义。教师应以此为依据，创新教学方法，制定出切实有效的教学策略，以提升汉语教学的效果。若语言学习不能与现实相结合，那么学习的意义便荡然无存。因此，教师在教学过程中务必引导学生将所学知识付诸实践。

第二节　汉语言文学的教学改革及模式

一、汉语言文学的教学改革思路

近年来，汉语言文学的改革主要围绕着课程体系、教学内容、教学方法、人才培养模式、教材建设等方面开展。随着教学改革的发展，学术界涌现了大量的研究成果，其中包括对目前汉语言文学教学中存在的问题进行了分析总结。目前，在汉语言文学教学中存在的问题主要有：一是教学方面，教学内容脱离语言实际，教学局限于教材内容以及教材内容滞后，教学手段单一；二是学科方面，分工不明确；三是学生方面，学习被动，没有学习动力；四是学时方面，压缩严重。

当前，汉语言文学课程的目标并未得到充分实现，许多学生在基础知识掌握、语言应用与表达、书写能力等方面仍存在明显不足。学生在学习过程中普遍缺乏足够的动力和主动性，创新能力亦显不足。因此，在现代汉语教学中，我们需要依据成果导向教育 OBE 课程理念，结合现有问题和学科特性，构建新型教学模式。这不仅是提高学生专业素养的关键，也是教学改革的必然趋势。自 20 世纪 90 年代 OBE 教育理念兴起以来，我们便基于这一理念对汉语语言课程的教学方法、教学内容、教学评价等方面进行了改革。这些改革旨在提升汉语语言课程的教学效果，并增强学生的学习主动性和学习质量。

基于 OBE 教育理念，汉语言文学课程的目标应该从知识层面延伸到能力层面，主要是能培养出与未来职业相符的优秀人才。教师可以借助网络技术改革教学方法，调整教学过程中教与学的比例。在教学过程中，要以学生为本，学生是整个教学过程中的主体，教师的教要为学生的学服务，在课堂上转变教学主体地位。在课堂上，教师可以设置一些问题，引导学生进行交流讨论，并将讨论的结果在课堂上进行分享，教师则要及时进行点评反馈，这样能够提高学生学习的积极性，培养学生团队合作的精神。教师在贯彻以学生为本的教学原则下，在课堂上进行教学改革实践，可以在课堂上增加教学互动，如在课堂上可以让学生进行互相提问、互相分析、互相评价等环节，每个环节教师要全程参与，及时做出引导和点评，这样能够提高学生学习的主动性，培养学生思考问题和解决问题的能力。

传统教育理念倾向于关注学科内容的逻辑结构，课程设计时通常以学生兴趣和需求为核心，以增强学生的主观能动性。与此不同，OBE 教育理念以学习成果为导向，注重培养学生运用所学知识解决实际问题的能力。为了更好地结合理论与实践，提高汉语言文学的教学效果，建议采用 OBE 教学模式进行教学改革。在实施过程中，应遵循以下步骤：一是明确预期学习成果；二是持续跟进学生的学习反馈；三是建立详细的教学流程图；四是完善教学监督、反思和评价体系；五是提前发布下次课程的学习内容。通过这些步骤，可以更好地实现 OBE 教育理念在汉语言文学教学中的运用，提高教学质量和学生的学习效果。

二、汉语言文学的教学改革重点

第一，充分考虑学生的实际情况。在教学过程中，教师须全面考虑学生的基础知识、认知能力及个人兴趣，并据此进行有针对性的任务安排。为提升学生的整体水平，教师可采用分组合作的方式。在课堂教学中，教师应积极采用互动讨论式的教学方法，以多样化的教学活动激发学生的学习兴趣。通过设定主题或问题，引导学生进行分组讨论。这种方式不仅能提高学生的问题解决能力和团队协作能力，还能增强他们的语言表达能力与沟通技巧。

第二，将教材内容与时代背景相结合。在汉语言文学教学过程中，教师要让学生充分地认识和了解语言，让学生在学习过程中树立正确的学习观念。在具体教学过程中，教师将教材内容和时代背景相结合，从而拓展和补充教材内容，从而体现教材的基础性，发挥教材的指导作用，同时，还能够提高学生在课堂上的学习兴趣，提高学生将理论与实践相结合的能力，进而提高学生解决问题的能力。

第三，建立线上线下混合教学模式。线上线下混合教学模式的应用，是对传统教学模式的一种革新。教师可以通过网络平台，灵活地布置学习任务，并允许学生在平台上进行自主学习。这种线上线下的结合，有效地弥补了教学学时的不足，并激发了学生的学习积极性。

第四，多组织实践活动。在教学实践活动中，将教学中的理论知识与实践联系在一起，能够提高学生语言应用能力的同时，也能够提高学生学习的积极性和解决问题的能力。在实践教学活动中，教师也要充分考虑学生之间的差异，考虑每个学生个性发展，从而更好地培养学生获取信息、整理信息的能力，提高学生在学习中的创新性。在具体实施的过程中，教师要发挥自身的引导作用，在实践活动中对学生及时做出指导和评价。

三、汉语言文学的教学模式改革

（一）汉语言文学教学模式改革意义

在传统的教学模式中，教师往往占据主导地位，而学生则较为被动。这种模式下，学生难以充分参与到教学过程中，教师也难以实时了解学生对课堂知识的吸收程度。这种状况有悖于以学生为中心的教学理念。尽管近年来在师生互动和课后练习方面有所改进，但整体变革的步伐仍显不足。

为了适应新的教育环境，教学模式需要与时俱进地进行调整和完善。只有这样，我们才能持续提升教学质量。为了提高学生的综合素质和综合能力，学校已经引入了通识教育和专业拓展课程。然而，由于学时的限制，专业课程的时间安排受到了挑战，这无疑增加了实现教学目标的难度。对于中国文学类专业的学生来说，汉语言文学是一门至关重要的学科。它不仅具备工具性和实用性，还对文学类专业学生的未来就业提供了有力支持。因此，我们需要更加重视这一领域的教学与实践。

（二）汉语言文学教学模式改革策略

1. 以“线下教学”为主

线下教学，即传统的面授教学，主要是指课堂教学。其最大的优势在于，教师与学生能够进行面对面的沟通与交流，并展开一系列教学活动。在课堂教学中，教师能够随时观察学生的反应，通过课堂提问和讨论来深入了解学生的学习情况。师生之间的互动更为直接，教师能够更好地调动学生的学习积极性，同时，学生的积极响应也能激发教师的教学热情。在课堂上，教师的授课内容呈现条理性，从而确保了最佳的教学效果。

2. 以“线上教学”为辅

互联网时代背景下，产生了一种新的教学方式——线上教学，线上教学是教学中应用众多的方式。教师从开始接触线上教学到能够熟练进行线上教学，都为之后线上教学的进一步开展奠定了基础。线上教学一般使用的网络平台如下：

（1）腾讯 QQ 平台。在汉语言文学教学中，可以在不同年级和不同班级中建立年级腾讯 QQ 学习群和班级腾讯 QQ 学习群。年级腾讯 QQ 学习群主要是分享学习资料；班级腾讯 QQ 学习群主要是用于师生互动，教师给学生答疑解惑。腾讯 QQ 学习群的建立深受广大学生喜爱，其教学辅助效果也是非常显著的。

（2）超星学习通平台。学校可以通过超星学习通进行授课，在超星学习通上可以进行直播授课，也可以进行录播授课，教师可以将授课所需的电子教材、课件等上传到平台上，完美实现了停学不停课，也圆满完成了疫情防控期间教学的任务。

（3）其他网络平台。除了上述两种平台，还有很多其他平台，如腾讯会议、钉钉、微信等。这些平台加以利用，能够很好地辅助教学，增加教学内容，优化教学手段，充分发挥网络平台的优势。

3. 线下线上的混合教学

线下教学与线上教学各具特色，为进一步提升教学效果，建议在未来的教学中，我们应有机融合这两种教学模式。线下教学应保持原有的课堂教学任务与目标，确保教学计划的顺利进行。对于因学时限制而无法深入展开或无法在课堂进行的课程内容，我们可将其转移至线上教学。这样，我们可充分发挥网络平台的辅助教学功能，有效利用学生的课余时间，拓宽其知识视野，并提高学习效率。

第三节　汉语言文学中古典文献学的教学

古典文献学是文献学下属的二级学科，地位是非常重要的，具有强烈的历史性和综合性，与传统文史学之间的关系也是非常密切的，其学科内容包括："古籍版本学""目录学""典藏学""校勘学""辨伪学""辑佚学"及"古代汉语"的分支学科"文字学""音韵学""训诂学"等，体现了我国古典学术的核心内涵。因此，该学科具有一定的传统性，在教学中，要尽量使用传统的学科方法。

中国古典文献学是一门严谨的学科，其内容主要涵盖了目录学、版本学、校勘学和典藏学四大方面。此外，该学科还包括辨伪学、辑佚学、注释学及编纂学等多个分支领域。作为文史研究的基础学科，古典文献学为学者们提供了进入文史领域的途径，并为相关研究奠定了坚实的基石。在研究古代文学时，应将文献学与文学批评相结合，以全面深入地理解文学作品。古典文献学以语言文字为表现符号，是中国文化传承的重要载体。古典文学以书籍的形式流传至今，其中凝聚了中华民族丰富的智慧和经验。近年来，随着出土文献、域外典籍以及数字文献的涌现，古典文献学得到了新的发展。这些新材料和新方法为学术研究提供了更多可能性，推动了学术研究的进步。同时，文献的域外传播也促进了文化交流，增强了学术方面的自信。

中国古典文献学具有以下特点：一是所包含的专业术语比较多，而且具有较强的理论性；二是比较注重方法论和实践性；三是内容涉及的范围广，难度也比较大。中国古典文献学的研究对象主要是中国古代典籍，讨论文献是如何生成和流布的，其典藏和利用的规律是怎样的，加以分析、整理和研究，具有深刻的理论性和实践性。在中国上千年的历史中，产生的典籍不计其数，而且涉及众多学科，如天文、哲学等，这决定了中国古典文献学学习的难度，因此全国开设有该专业的高校仅有北京大学、浙江大学等学校，大多数学校则是在汉语言文学专业高年级开设这门课程，传授基础理论与方法。

一、汉语言文学中古典文献学的教学重点

“中国古典文献学”属于专业选修课，虽然授课时间不多，只有数十个课时，但是其所涵盖的知识是非常广泛的。所以，很多时候，学生能够在这门课程学习到很多东西。但是需要注意的是，教师在教学过程中应该注意教学的方式和方法，毕竟“中国古典文献学”的知识相对而言比较枯燥，所以教师要注意运用启发式、体验式等教学方式或者加入多媒体的运用，切实促使学生提升自身的主动积极性，从而获得更好的教学效果。

（一）理论知识与实例相结合的教学讲授

古典文献学的学习不仅是理论方面的学习，还有实践方面的学习。要想提升学生的文献处理能力，教师就需要切实帮助学生学以致用。在进行理论方面的学习时，教师可以结合相关的实例，让学生在这个过程中充分将自己的理解与实际结合起来。例如，教师在教学“验牌记”（一种版本鉴别的方法）时，可以促使学生将古典文献的“牌记”与现代图书的“牌记”充分结合起来，进行对比。这样在对比中，学生能够对古代版刻书的牌记特点进行充分认识。

在教学中，教师可以以教材为例，让学生去实际观察版权页是什么，在观察的过程中了解清楚书名、作者、版次、出版时间、出版地、印次、书号等信息。有的信息所反映的内容是十分丰富的，例如，通过版次印次就可以看出一本书的销售情况。如果一本书被刊印很多次，那么证明这本书应该是很畅销的。而如果印次很少，则说明书籍的影响不是那么大。学生可以借此判断一本书的情况，在之后的读书治学实践中有所借鉴。

（二）教师要充分运用多媒体进行课堂教学

如今，随着计算机技术的深入发展，教师在教学中可以利用的技术越来越多，例如教

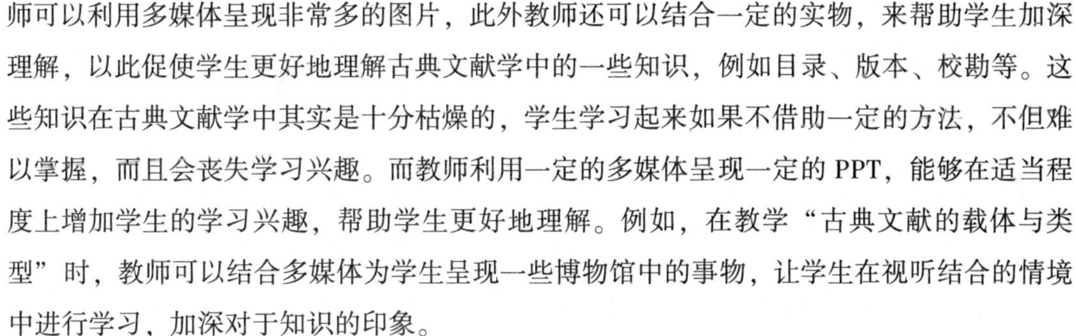

师可以利用多媒体呈现非常多的图片，此外教师还可以结合一定的实物，来帮助学生加深理解，以此促使学生更好地理解古典文献学中的一些知识，例如目录、版本、校勘等。这些知识在古典文献学中其实是十分枯燥的，学生学习起来如果不借助一定的方法，不但难以掌握，而且会丧失学习兴趣。而教师利用一定的多媒体呈现一定的 PPT，能够在适当程度上增加学生的学习兴趣，帮助学生更好地理解。例如，在教学“古典文献的载体与类型”时，教师可以结合多媒体为学生呈现一些博物馆中的事物，让学生在视听结合的情境中进行学习，加深对于知识的印象。

（三）文言文标点翻译训练须贯穿课堂教学

为了更有效地阅读古籍文献，学生需要建立坚实的文言文阅读基础。在此背景下，教师有责任加强对学生的文言文阅读能力训练。文言文阅读是学生将古文转化为现代文的过程，这需要学生具备扎实的知识储备和灵活的应用能力。因此，教师在教学过程中应积极帮助学生培养这种能力。目前，教材中已加入大量古典文献段落，这些材料为学生提供了宝贵的文言文翻译训练机会。

（四）学生亲身阅读的古籍文本体验式学习

教师不仅要充分促使学生在学习过程中对于知识进行相关的复习，还要组织学生开展一定的阅读实践活动，具体而言，教师可以结合教材上的内容让学生去阅读相关的书籍，促使学生开展相关的阅读拓展活动。在这样的情况下，学生不仅会更好地牢固掌握知识，还会对于自己的知识面进行扩宽，从而实现个人在古籍文本阅读方面的能力。例如，在教学教材中“目录学”的相关知识后，教师可以帮助学生进行推展，教师可以给学生提供相应的目录书，如《汉书·艺文志》《隋书·经籍志》《四库全书总目提要》。在教师推荐的基础上，学生结合自己的兴趣进行阅读。之后，学生们可以分享自己的阅读体会。

有的同学在教师要求的基础上还实现了自己的创新，如有的学生进行了对读活动，如将《隋书·经籍志》的《楚辞类小序》和《四库全书总目提要》的《楚辞类小序》进行一定的对读，这样更容易了解到相关的规律，更好地掌握知识。在这样的情况下，可以发现学生的学习能力、实践能力也会有所提升。这样一来，学生不仅了解到相关的书籍在目录分类中的地位、作用等，还能切实感受到古典目录“辨章学术，考镜源流”的重要作用。

（五）注重以问题为中心的启发式课堂教学

以问题为中心的启发式课堂，指的是教师在教学中应该多利用一些问题来对学生进行启发，促使学生针对问题进行思考。有的教师会在教学中充分利用教材上的练习题，让学生完成。在完成的过程中，学生会结合自己学过的内容思考，锻炼自己的能力，不仅对于知识进行掌握，还学会如何进行知识的调动去解决问题。在这个过程中，教师对于学生的问题处理情况进行反馈。此外，不管是在教学前还是在教学后，教师都可以促使学生利用问题进行自主探究。这样的启发式教学能够帮助学生充分掌握知识、提升能力。

二、汉语言文学中古典文献学的教学创新

（一）古典文献学的教材编写创新

1. 修订教材章节的内容

目前古典文献学的教材在重点讲述版本、目录、辨伪、校勘和辑佚的基础上，还增加了标点、注释和检索这三类内容。应该注意的是，标点、注释和检索以及翻译，是学生在阅读古典文献时所遇到的最不容忽视的问题，只有提升学生解决这方面问题的能力，才能促使学生在古典文献学方面的学习效果不断提升。相关的教材内容中，有对古籍标点致误类型和原因的分析，如此促使学生做到正确句读，这对于学生正确、顺利地理解文章意思有着不容忽视的重要影响；还有章节详细分析了注释，对注释的名称和术语等都进行了充分的分析，这对学生的帮助作用也是很大的。此外，在检索方面，古籍文献的检索包括纸质和电子两个方面。“古典文献学”相关的教材对检索的内容进行编排，让学生通过学习掌握相关的方法。

需要注意的是，相对于纸质文献，电子文献在如今的发展甚至更为重要，很多时候人们检索、阅读的是电子文献，电子文献正在慢慢取代传统纸质文献。但是我们应该认识到电子文献的质量也是良莠不齐的。相关的文献工作者可以给予教师与学生及时的指导，让他们获取一些质量优异且稳定性强的电子文献资源。如今，“古典文献学”的相关教材中也推荐了一些电子资源库，例如，文渊阁《四库全书》电子版、《四部丛刊》电子版、古籍书目检索网络数据库和古籍全文检索网络数据库等。并且，教材还对检索的方法和注意事项等进行了翔实的介绍。尤其是，教材强调不论检索光盘还是网络中的数据，如果要正式引用，务必要校核书籍的原文，这就体现了很强的严谨性。

2. 教材整体的重点突出

从本质上而言，版本、目录、辨伪、校勘和辑佚这五方面都属于方法的范畴。其本身就是整理文献的方法，但同时它们又在某种程度上表现出了一种学术的观点，也就是对于

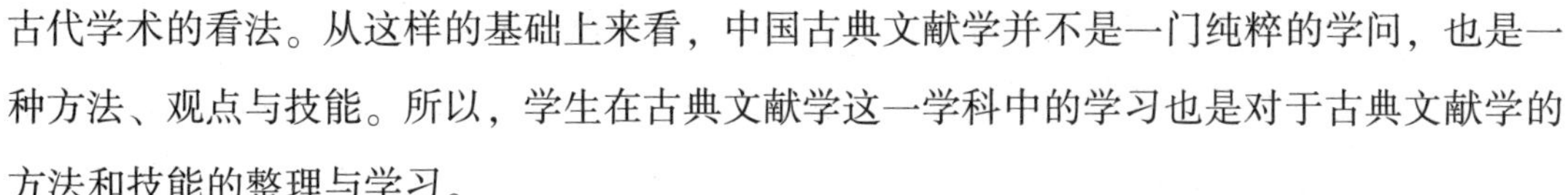

古代学术的看法。从这样的基础上来看，中国古典文献学并不是一门纯粹的学问，也是一种方法、观点与技能。所以，学生在古典文献学这一学科中的学习也是对于古典文献学的方法和技能的整理与学习。

3. 教材体例须不断创新

为了帮助学生更好地进行思考和练习，在体例上教材也在每一章的后面设计了关键词、思考题、练习题和进一步阅读文献等内容。具体来讲，“关键词、思考题”等部分有助于引导学生开展复习活动，帮助他们对于所学内容进行巩固，在巩固所学内容中学生也会得到新的理解。此外，“进一步阅读”这一部分，则是为学生列出了一些理论方面的书籍，其有利于学生不断将自己的知识储备有效提升。而“练习题”部分，教材则着重突出实践性以及师生互动性，旨在促使学生有效掌握知识，实现更好的提升。例如，教材“第二章古典文献的目录”这部分后面的练习题，要求学生以《四库全书总目提要》为基础，结合自己的专业或者兴趣抑或毕业论文的选题撰写一份专题书目提要，自撰的东西应该自成系列。由此可见，教材注重促使学生运用知识，让学生对于知识进行灵活运用。

（二）古典文献学的教学方法创新

下面主要探讨古典文献学的分层教学方法创新。

1. 分层教学的实施重点

（1）在运用分层教学的时候，教师需要注意，首先，应该切实分析教材。从教材方面来看，在古典文献学方面，大部分地区使用的教材是一样的，这是为了照顾全国范围内的合适性。在这样的情况下，教材中的内容和教学目标可能会缺乏一定的针对性。尽管有的学生运用的是自编教材，也须根据每届学生的实际发展水平调整教学内容。其次，无论是国家规划教材，抑或是自编教材，都容量有限，压缩了学生思考问题的空间。最后，为了促使学生掌握理论知识，大部分教材对于理论比较偏重，对于一些实践过程不进行详细论述，这就对学生的学习造成了一定的阻碍。

（2）在分层教学实践过程中，需要注意的是教学方法。每个学生的学习能力、学习特点都不同，如果教师不根据学生的特点来选择教学方法，就会导致学生的参与情况、师生互动等方面存在一定的问题。因此，教师在教学方法的选择方面一定要灵活。例如，针对学习能力比较好、逻辑思维也比较好的学生，教师可以更多地采用讲授法，如在讲授目录、版本、校勘、典藏等知识的时候，教师在学生已经掌握相关学习内容的基础上，运用讲授法来进行微课的录制，将核心与方法等录制到微课视频中，以此，帮助学生更好地进行灵活运用，这就属于讲授法的运用。需要注意的是，在教学实践过程中，讲授法一般结合讨论法、演示法等被运用。这是为了促使讲授更加生动，让学生深入理解。此外，对于学习能力比较弱、逻辑思维不太好的学生，教师可以多运用演示法。这样让知识讲授变得更加生动。

（3）在分层教学实践过程中，为学生布置任务是重要的一环。任务的完成情况可以反映出学生的学习情况。任务应该包括四个部分，教学目标、输入（指设计任务的资料）、活动、结论，任务的布置应该包括以下步骤：

第一，结合课程的总目标来进行细分，如可以根据每一章每一个单元进行细分，之后结合这些细分的目标来布置针对性的任务。

第二，教师应该引导学生参与到任务的完成过程中去，在这个过程中教师可以帮助学生拓展一些资料，引导学生将任务高效完成，在这个过程中教师应该对于学生的任务完成情况进行一定的评价。

第三，学生和学生之间，学生和教师之间，应该开展一定的讨论活动，相关交流，从而在完成任务的过程中得到更加广泛、深入的认知。这样的任务型教学方法，能够切实锻炼学生的实际运用能力，促使学生在理论学习过程中具备更多的自主性。而且，学生在这样的过程中也可以充分培养良好的思维能力。

在具体运用任务教学法的时候，教师应该切实分析所教学生的实际情况，以此来布置任务。例如，对所有学生布置句读及翻译任务，但根据任务执行者的基础提供难度不同的文本。任务型教学遵循的原则是过程性和互动性，在适当的任务目标下，教师为学生提供必要的指导。

2. 分层教学的考核方式

考核在分层教学中是重要的一环，不管在怎样的教学中，考核都是学生和教师检验学与教的情况的重要手段。因此，在分层教学法的实施中，教师和学生应该切实重视好考核方式的正确运用。

（1）对于古典文献能够进行阅读理解是“古典文献学”这门学科最基本的要求。在对学生进行考核的时候，必须考核学生这方面的能力。但是每个学生的学习基础和能力不尽相同，所以在进行考核的时候，教师可以针对学生选择不同的阅读文本。

（2）在古典文献学这门学科中，学生最核心的能力就是查找、甄别与归纳文献。这离不开目录书、索引、四角号码检字法等工具的运用、电子数据库的检索等，这些都是学生必须掌握的，尤其是针对应用型人才的重点考核内容。

（3）典籍叙录撰写、版本源流梳理、校勘四法的使用，在某种程度上反映了一定的研

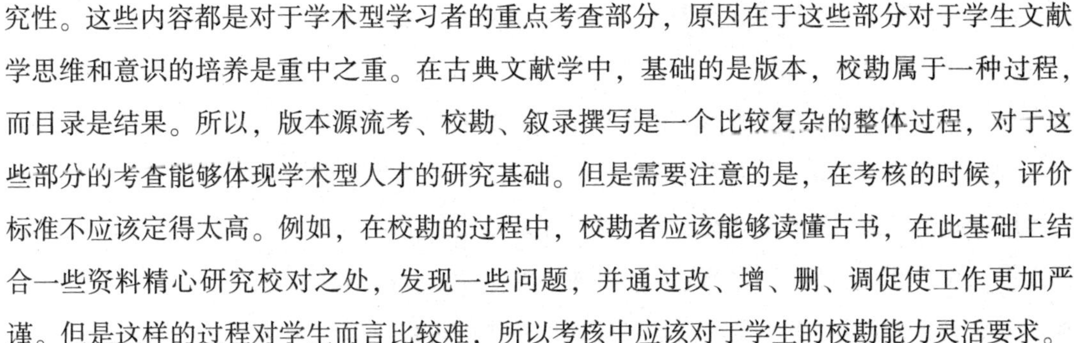

究性。这些内容都是对于学术型学习者的重点考查部分，原因在于这些部分对于学生文献学思维和意识的培养是重中之重。在古典文献学中，基础的是版本，校勘属于一种过程，而目录是结果。所以，版本源流考、校勘、叙录撰写是一个比较复杂的整体过程，对于这些部分的考查能够体现学术型人才的研究基础。但是需要注意的是，在考核的时候，评价标准不应该定得太高。例如，在校勘的过程中，校勘者应该能够读懂古书，在此基础上结合一些资料精心研究校对之处，发现一些问题，并通过改、增、删、调促使工作更加严谨。但是这样的过程对学生而言比较难，所以考核中应该对于学生的校勘能力灵活要求。

（三）古典文献学的教学手段创新

下面主要探讨古典文献学的多媒体教学手段创新。

1. 多媒体教学手段的优点

（1）拥有丰富的信息。多媒体对于信息的呈现是非常多样的，在多媒体的运用下，信息可以视频、声音、图形等方式呈现出来。在古典文献学中，多媒体因为具有以上优势，对于教师的教学生的学都有十分重要的促进作用。在古典文献学课堂上，教师可以利用多媒体呈现 PPT，这能够在一定程度上节省课上板书的时间，促使教师将更多的精力放在学生身上。此外，利用多媒体，教师也可以为学生拓展古典文献方面的内容，突破教材的限制，让学生能够学习到更加广泛的内容。总而言之，教师应该充分利用多媒体广泛的信息量，帮助学生实现进步。

（2）感染力尤其突出。多媒体能够将信息以更为多样的方式呈现出来，变枯燥为生动，变静态为动态。这样的方式能够有效调动学生的积极性，帮助学生在这个过程中受到更加强烈的感染，从而以更加主动的精神参与到学习过程中去。古典文献学在一定程度上是比较枯燥的学科，在传统的教学中，教师大多通过有限的板书来让学生掌握知识。对于学生而言，他们很难对于这种方式产生一定的兴趣，长此以往，学生对于这门学科的积极主动性就很难提升起来。而对于教师而言，繁杂的板书也浪费了一定的教学时间，难以帮助教师有效提升教学效率。在这样的情况下，多媒体的出现就为教师和学生带来了新的生机与活力。在古典文献学中，多媒体可以将知识以视频、动画、图片等形式呈现出来，不但可以调动学生的视觉感官，还可以调动学生的听觉感官，这在某种程度上能够充分保持学生的无意注意和有意注意，帮助学生在这个过程中实现学习。

（3）具有很强的便利性。一般而言，在运用多媒体进行古典文献学教学的时候，教师会在课前准备好相关的课件。如此一来，教师在课堂上就可以专注讲授以及和学生互动。这就体现了多媒体所具有的极强的便利性，不仅便于知识的传播，还便于学生掌握。如今，社会在不断发展，技术在不断进步。教师在课堂上运用的多媒体课件也越来越丰富。而且，即使课件出现一定的错误，教师也可以进行修正。所以，我们应该认识到多媒体融入古典文献学教学中，为教师和学生提供了很大的便利性。

（4）推动教学改革。多媒体在教学中的运用，改变了以往的教学模式，所以，多媒体的运用有助于实施教学改革活动。教学改革是对传统教学的革新，在如今社会不断发展的背景下，教学也处于不断的改革之中。在古典文献学中，教师和学生都不能忽视多媒体为教学带来的发展变化，并且及时为这种发展变化进行总结活动。此外，应该注意的是，多媒体也为学生展示自己提供了新的方式，在很多课堂上，教师让学生自己制作 PPT，然后自己讲解，促使学生成为课堂的主人。这样的方式不但充分发挥了学生的主观能动性，也能够加强师生之间的相互交流，他们之间可以相互借鉴。

2. 多媒体教学手段的运用

（1）丰富教学资源。在古典文献学中，教师和学生都需要结合一定的资源进行学习，在这样的情况下，利用多媒体呈现一定的资源是十分必要的。古典文献学，学生需要接触到很多的古文献，它们所包含的内容是非常晦涩难懂的。这就导致学生学习起来往往难以理解，会遇到很多的障碍。这样学生在学习过程中就会出现不知所措的情况。而如果教师充分利用多媒体进行知识的呈现，就可以促使学生感受到一定的趣味性，能够在某种程度上更好地促使学生理解更多的古文献。例如，在对于古文献《易经》进行理解的时候，教师可以利用多媒体为学生拓展《百家讲坛》中的视频资源，这样学生能够利用更加丰富的资源进行理解。

事实上，网络所涵盖的资源是十分丰富的，教师不但可以利用网络和多媒体为学生提供有价值的资源，而且可以帮助学生明白古典文献学的学习方向，这对于学生的发展具有积极的作用。从目前的资源来看，网络上有很多主讲古典文献的研究者和学习者，他们比较有影响力。所以教师应该适当地为学生提供这些资源，作为一种辅助性资源，帮助学生高效理解古典文献学，以此促使学生实现更好的学习。这样的资源拓展，也能够在某种程度上促使古典文献学不再枯燥，学生学习起来自然不会感觉古典文献学离自己很远。因此，教师在教学中利用多媒体，首先就应该为学生拓展丰富的资源。

（2）促使古典文献学教学更为直观。多媒体能够以更为多样的方式来呈现信息。在古典文献学中，学生所需要学习的内容可能和如今的生活相差较远，学生理解起来比较困难，教师讲授起来也会存在一定的障碍。例如，在教授古典文献版本装帧样式的内容时，因为这部分内容与现代书籍之间存在较大的差异，所以教师如果仅仅利用传统教学方法，可能难以给学生讲解清楚，而教师如果在这个过程中运用多媒体，就可以促使相关内容变

得更为直观，便于学生理解。

在古典文献学中，教师利用一定的实物进行教学在某种程度上是不可能的。有的古典文献是存在于博物馆中的，要想学生实际地感受到事实上是不太可能的。在这样的情况下，不管是学校还是教师，都无法促使学生对古典文献学进行充分感知。但是在如今技术丰富的社会背景下，教师可以利用一些扫描工具将古典文献学的样式、内容通过多媒体展示给学生。如此来促使古典文献学的教学更为直观。这样的优势是传统教学所无法做到的。因此，在古典文献学教学中，教师在运用多媒体的时候，应该注意充分发挥它的直观性，以此帮助学生实现生动的学习。

（3）有效促使学生的主动性得以增强。我国的古典文献浩如烟海，怎么让学生在最短的时间内找到自己需要的文献，也是一门学问，也是古典文献学的重点内容所在。在这方面，除了要促使学生掌握相应的方法之外，还要促使学生提升自身的主动性。如果学生总是对于浩如烟海的古典文献缺乏主动性，就很难参与到检索的过程中去，学校也无法检索出自己所需要的文献。在这样的情况下，教师应该思考如何提升学生的主动性。

作为古典文献学方面的教师，应该充分利用《中国古籍善本书目》《中国丛书综录》等，来教授古典文献的检索方法。在此基础上，教师还应该帮助学生学习电子文献检索方法。例如，教师在引导学生学习、体会《四库全书》电子版本的检索系统时，应该制作一定的多媒体教学课件，以更加生动的、没有距离的方式来促使学生进行理解。需要注意的是，通过这样的学习，学生可以直观学习到该软件系统的联机字典等功能，并且，教师可以促使学生结合多媒体进行实际的操作。此外，必要的时候，教师也要帮助学生掌握相关系统的安装方法，让学生构建古典文献学现代信息体系。

（4）充分厘清古典文献学与现实生活的联系。教师和学生在接触古典文献学的时候会发现其中的一些内容充满了生活化的气息，即使距离如今的生活较远，也是古代人民礼节和习俗的反映。其中的内容对于今天的生活有着十分重要的影响。例如，对于尊老爱幼思想，很多古典文献中都有所反映，又如，《后汉书礼仪志》记载：“仲秋之月，县道皆案户比民。年始七十者，授之以王杖，餔之糜粥。八十九十，礼有加赐。王杖长九尺，端以鸠鸟为饰。鸠者，不噎之鸟也。欲老人不噎。”在讲到这部分内容的时候，教师可以结合多媒体为学生提供相关的图片，如东汉王杖诏书简的图片。这样学生在理解起来的时候能够更加高效，同时在此基础上教师可以让学生思考如今的养老制度，以此和现实生活联系起来。同时教师可以利用多媒体为学生展示古今对比。这样促使教学更加生动具体，拉近学生和古典文献学的距离。

（四）古典文献学的教学模式创新

围绕激发学生学习主动性，以及知识向应用能力转变两个重点，创新改革课堂教学的模式和环节，采用合作探究项目式教学模式，根据文献学知识点的现实应用设计特定场景、项目或任务，课堂教学中分基本知识讲解、合作探究、验证优化、知识链接与拓展几个基本模块，并结合网络教学平台，建设课程教学资源，打造“做”中“学”课堂和线上线下结合课堂。并把“传承中华优秀典籍文化及树立传统文化自信”作为思政核心有机融合在教学中。

第一，创新教学目标。按照培养目标和培养要求，依据社会需求、学科专业发展，把课程内容整合为文献著录、文献传承、文献普适性处理三个模块，突出了文献学的现实功用，删减了部分学科内学术史涉及的概念和理论。据此，明确了教学目标：利用人文学科知识与价值相统一的优势，坚持知识、能力、素质有机融合，在要求学生具备古典文献处理的基本知识和能力的基础上，突出古为今用的实践能力，培养学生通过文献了解古代优秀学术传统，勇于创新的意识，引导学生树立起传承优秀传统文化的视野和责任感。

第二，突出应用能力，创新整合教学内容。针对课程知识体系繁杂，知识点碎片化、理论性强以及传统课堂重理论轻实践的一些劣势，有效整合现有教学内容，结合专业需求和现实应用价值，突出重难点，制定教学任务，在教学内容上，既强调传统文献学理论价值，又注重发掘古典文献在当下文化语境中开发应用的现实意义，并注重古典文献不断适应信息化、网络化时代的需求，针对古籍“普适化”下功夫。

第三，创新“合作探究项目式”教学模式。以合作探究项目式教学为主，整合教学内容形成任务主题，创设教学内容应用现代场景，以解决一个实际问题来导入教学内容，提升课程的实践性；教学中，尽量以案例呈现理论知识；通过任务导向，合作探究引导学生自主学习；同时，不断丰富云南地方文献材料，建设教学案例资源库。针对每一个章节形成链接性的知识，以案例的形式呈现文献在现代社会的意义和活力，并有机融入课程思政。

第四，打造“产教学”融合模块，创新教学组织与活动。在教学组织上，合理优化设计各教学要素和环节，以“学到、能用、会用”理念为组织脉络。通过创设知识与能力的应用场景，解决一个实际问题；以案例呈现理论知识；挖掘利用具有地方性、民族性的传统优秀典籍作为材料，打造教学内容与学生的亲和力；自然融合“传承中华优秀典籍文化及树立传统文化自信”的思政目标等设计思路，打造以学生为中心的课堂，设计文献处理的实践操作项目，合作探究解决实际问题，实现课内的产教学融合，强化、优化、固化知

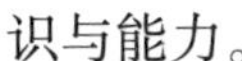

识与能力。

第五，学教结合，灵活运用多种教学方法。引导学生参与教学，积极思考，主动探究，乐于实践，学教结合，灵活运用任务引导教学法、激励教学法、案例分析法、小组合作讨论法等多种教学方法。

（五）古典文献学的教学评价创新

第一，建立课程网络教学资源平台，拓展课程教学资源。按照课程知识脉络建立网络课程，上传丰富的链接性知识，增加课堂容量，引导学生自主学习、个性化学习。

第二，合理整合媒体端资源，丰富教学手段，增强教学双向互动。利用网络教学平台，链接学生手机端，把手机作为师生互动的教学工具和实践操作的应用工具，变“负面因子”为“优势资源”。叠加传统多媒体教学的影像直观展示优势，丰富课堂教学。

第三，依托网络教学平台，多维度教学评价，提高评价的可操作性和客观性。通过网络教学平台的丰富功能，设置丰富的学习任务点，增加学生观看视频材料、学习链接知识、完成在线作业、进行主题讨论等方式，丰富评价学生学习效果方式，为诊断性评价和形成性评价提供客观依据。同时，根据学生的浏览数据、互动数据、完成任务点等情况生成学习数据，成为评教的有益补充，推进教学持续改进。

三、汉语言文学中古典文献学的教学改革

（一）坚持文献学的本位意识

坚守文献学的基本原则，在改革古典文献学教学中具有不可替代的地位。古典文献学的学科特性决定了我们必须坚守文献学本位，因此，在教学实践中，我们需要注重本土化，不仅重视知识传授，更要结合古典学术的内在逻辑和古籍的实际状况，培养学生的综合素质。关于如何实现这一目标，我们应从学术史的宏观角度出发，追求至高境界，同时深入挖掘根本，选择经典作品进行细致分析，实现知行合一。古典文献学的目标在于帮助学生建立起该学科的知识体系，使其具备在大量文献中发现和解决问题的能力。这种能力被学术界称为“学养”。而学生“学养”的培养，是一个持续的、经过反复训练和强化的过程。

如今，阅读经典之作依旧具有十分重要的意义，即使知识获取越来越方便，知识体系更加学科化，但是阅读经典依旧不是一件简单的事情。在快节奏的社会中，人们很难静下心来去实际地阅读完一本书。而古典文献学，旨在帮助学生掌握系统性的知识，促使学生

锻炼阅读的技能。可以说，坚持文献学本位，是“古典文献学”的教学重点之一。在坚持文献学本位的基础上，“古典文献学”学科教学还要注意运用新的方式和方法。

大数据时代，每个人都是大数据的一分子，通过网络和大数据，人们能够非常容易地得到文献。在“古典文献学”这门学科中，学生不仅可以接触到文本文献，还能接触到音像文献、电子扫描文献等。一些新的文献形式，能够促使文献得到更好的保存，也能够促使学生更生动地认识到文献的特点。

在古典文献学这一学科中，实践教学的重要性不容忽视。单纯依赖理论讲解，难以让学生全面理解和掌握相关知识。例如，在讲述公文纸、竹纸、皮纸、高丽纸等纸张的特点时，让学生亲手触摸这些纸张，亲身体验其中的差异，比单纯的理论讲解更具实效。同样，对于拓印技术和古籍装帧修复技术等技能，仅凭教师的口头讲解，难以达到理想的教学效果。学生通过实际操作，能够更深入地掌握相关技能。这种实践与理论相结合的教学方法，既坚持了文献学的核心地位，又巧妙地融入了现代技术，如大数据的应用。这样的教学方式，有助于培养学生对古典文献学的兴趣和热爱，提高他们的实践能力和综合素质。

大数据是利用现代信息技术对于信息进行搜集、存储、分析等处理的一种手段。虽然大数据具有大容量、高速度等特点，但也会在一定程度上导致人们的阅读扁平化。以抖音为例，如果一个人在抖音看某一种类型的视频，那么大数据就会更多地给这个人推送这种类型的视频，这样就很容易造成“信息茧房”。面对大量的书籍，“目录学”能够让人们系统地查找与运用资料。人们都对于目录学给予了高度的评价。面对大数据的迅速增长，传统目录学正好可以帮助人们抽丝剥茧，以自身学养分别、辨析、研究海量的信息。

（二）用“新”技术辅助教学

丰富的新技术是大数据时代提供给教学的最重要支撑，能够为“古典文献学”教学的顺利展开提供帮助。

第一，新技术的出现必然能够引起教学手段与策略的变革。但前提是教学观念需要发生一定的改变。如果教师在教学观念上还是因循守旧，那么不管出现怎样的新技术，都难以在自己的教学手段和策略中加以运用。因此，新技术所引发的教学手段和策略的变革需要建立在教师观念的改变方面。在“古典文献学”中，教师应该充分利用新技术例如多媒体做到讲论结合、历史现实结合、多图展示、资源拓展等。这样才能让学生更好地参与其中。结合目前的课堂教学现状来看，很多教师在教学中可以做到。此外，除了多媒体技术之外，翻转课堂、微课、慕课等形式的出现也可以帮助师生在教学中变得更加灵活。很多学校都开展了线上教学，将实体的课堂搬到线上，利用网络平台进行授课，虽然一开始可能会遇到阻碍，但是越发展越好。这样一来，这些教学就为“古典文献学”的教学提供了一定的参考。

第二，新技术对于教学资源的选择产生重大的影响。在传统的教育模式下，学生主要通过教师的讲授来获取知识。然而，随着新技术的不断发展，学生现在能够接触到名师课程以及其他丰富的学习资料，这些资源对于他们的个人发展具有深远的影响。因此，教师需要明确自己的定位，意识到自己在教学过程中的角色是参与者和辅助者。在此基础上，教师应充分利用相关资源，并把激发学生的主动性和积极性作为首要任务。

第三，新技术的出现有利于检测与反馈教学效果。以智慧树网络教学平台为例，该平台能够将“古典文献学”教学过程中的各个环节，如教学、学习、考试和管理等，转化为数据形式。通过记录教与学的全过程，该平台能够收集学生的签到信息、学习时长、教学互动次数以及作业完成情况等数据。这些数据能够为教师和学生提供全面的反馈，促使他们结合数据进行反思和总结。教师可依据学生的学习情况及时调整教学方法，而学生也可以及时发现并改进自己的问题。因此，大数据在技术层面为“古典文献学”提供了不可或缺的支持，成为“古典文献学”中一项至关重要的措施。

（三）积极地拓展大数据视野

大数据在“古典文献学”教学改革中也有着重要的作用，为了适应时代的变化，教育者和学习者都要具备一定的大数据视野，紧随时代的变化而变化。大数据对于“古典文献学”的影响主要表现在以下方面：

第一，在“古典文献学”这门学科中，大数据能够帮助学生获得海量的学习资源，学生能够借助网络灵活地获取自己所需要的知识。这样一来，在教学的过程中，教师可以借助大数据来了解学生的学习需求，学生也可以借助大数据来灵活自己的思维，从而更好地参与到和教师的互动中去。只有学生和教师掌握的资源是处于一个平等的地位时，才能更好地展开充足的互动。

第二，大数据也有助于优化教学环境与教学手段。在大数据的支持下，智慧课堂、多媒体技术等能够越来越多地运用到教学过程中去。在这种趋势下，“古典文献学”课堂也能够变得更加立体生动、灵活有趣。而且，借助大数据、网络技术等，教师的教学也不再仅仅依赖口头讲解，而是结合多种多样的方式为学生提供更加丰富的引导。

（四）进行实践体系化的变革

在大数据发展背景下，体系化已成为“古典文献学”教学改革的重要特征。参与教学的各方以及整个教学过程都面临着新的挑战和要求。首先，教师作为实践体系化改革的关键角色，应不断提升自身的能力和素质。在大数据时代背景下，教师须明确自身的多重角色，如研究者、组织引导者、评价者等。教师应具备强烈的责任感，与时俱进地充实自己，而不能抱守残缺、安于现状。其次，体系化改革也给学生带来了一定的挑战。学生在学习过程中不能仅满足于课本知识，还应积极拓展学习资源，不断丰富自己的认知。同时，学生应合理规划自己的学习路径。值得注意的是，学生在学习过程中的发展变化需要教师的引导。学生可能难以自主实现上述转变，因此，教师提供适当的指导是十分必要的。

此外，教师需要注意的是，不同学生在每个学习阶段的发展都不一样，而且学生自身的学习兴趣和特点等也存在巨大的差异。因此，教师应该切实结合学生的学习特点来灵活处理教学方式和方法。例如，对于本科生、研究生的教学方式和教学侧重点肯定不一样。在“古典文献”中，教师应该帮助本科生掌握学科体系，让学生掌握知识为主，提升系统理解知识的能力；对于研究生而言，教师要让他们掌握学理，这样让不同阶段的学生完成不同的目标。在评价方面，传统的评价方式也需要得到一定的革新，在评价过程中，教师、学生和相关的教学管理部门应该切实参与进去，积极利用有效的手段评估教与学，在反馈的基础上不断进步。

第四节　语言学概论课中问题探究式教学模式

“语言学概论”是汉语言文学专业的基础必修课，该课程要求学生不仅掌握扎实的语言学基本理论知识，还具有初步的理论运用能力和评判性思维能力。“语言学概论”课程探讨语言的性质、结构规律、演变规律及语言与文字关系等方面的问题，它的纯理论性性质，更强调教学过程不应是一种单纯的知识传递过程，还应是一次感知、认知、寻求、发现的“探索之旅”。师生之间的合作关系不应限于知识传授，而应是有着共同话题的对话关系。

问题探究式的“语言学概论”课堂，借助问题的展示和对学生的质疑问难，形成教学过程的双向互动交流，促使学生借助学习材料，围绕教学问题，通过独立探究或协作讨论等过程，得出问题的结论，并在这一过程中产生成就感等良好的心理体验，提高探究语言问题的能力，增强创新意识和实践能力。

“语言学概论”的授课时段一般为大学第三学期或第四学期，学生的接受能力及感悟能力普遍较强，具有强烈的求知热情和思考活力，敢于质疑问难，敢于另辟蹊径。然而，照本宣科式教学，缺乏激情的沉闷讲授，都会使他们处于被动接受的地位，一定程度上影响他们的热情。问题探究式教学模式的运用，适应当代学生的主体意识，能满足学生的心理需要，强化学生的参与意识，激发学生的学习兴趣，为授课模式从“单向传递—被动接收”到“双向反馈—互动联系”的转化提供了手段和语境。

语言学课程与文学课程在特点上存在显著差异。文学课程着重于具象性、想象力和审美情趣的培育，而“语言学概论”课程则以抽象性、理论性强的特点著称，可能会显得较为枯燥。对于初学者，尤其是年轻学子而言，可能会感到茫然，甚至产生畏难情绪。因此，教师必须注意运用适当的教学方法，积极调动学生参与教学活动和思考问题，以避免学生产生疲劳感。

“语言学概论”课程主要围绕语言的性质、结构及发展规律展开，具有循序渐进的特点。虽然学生在初次接触时可能会感到困难，但深奥的语言理论往往是基于大量的语言现象而建立的，而这些语言现象与学生个体及其生活环境息息相关。基于这一认识，在教学过程中运用问题探究式教学模式，将难以理解的语言概念或理论与语言现象相结合进行阐释，可以启发学生积极思考、主动讨论，从而使许多难点变得简单易懂。

教师角色定位的正确与否决定了问题探究式教学能否行之有效地贯穿在课堂教学中。在这种教学模式中，教师要从传统模式的“讲授”角色中走出来，成为教学的组织者、参与者和指导者。要完成这样的任务，教师需要更准确地把握教材主旨，更深刻地挖掘教材内涵，更丰富地掌握专业知识，更巧妙地进行教学设计，更深层次地为学生解难释惑，确保学生经过问题探究后有可能成功地领悟或“再发现”原理。教师要鼓励学生敢于质疑、勇于发问，打破学生的盲从（书本和教师讲授）心理，实现师生学术交流、共同探索的平等对话机制。因此，在问题探究式教学模式中，教师如何做好探究过程中的控制和指导至关重要。

语言学概论课中问题探究式教学模式的实施，可以从以下方面着手。

一、语言学概论课中问题探究式教学模式的问题设置

在具体实施课堂教学前，教师要熟悉和掌握学生的情况，根据学生的实际语言学水平备课。在综合学生的知识结构、心理特征和认知水平的基础上，教师应将教学目标、教学内容与自身的教学理论、知识结构、实践经验相结合，综合考虑基于问题探究式教学模式中的“问题”的合理设置。

第一，教师对问题的深度、广度、难度要有适当的控制。教师在教学中应将问题控制

在“形散而神不散”的范围内，确保既有中心问题又有子问题，从而形成一个连贯且合乎逻辑的问题系统。这些问题应具备科学性、探究性以及解决的可行性，以有效培养学生的创新精神、实践能力和人文素养。

第二，问题设置要贴近学生思维能力的“最近发展区①”。在实际教学中，要防止问题设置过于简单化和复杂化。因为设计是一个复杂的过程，包括许多技巧和活动。学生在成功完成包含许多技巧的活动时需要得到支持，例如，为了理解所要陈述的问题和论点而设计情境；搜集信息；产生可供选择的解决方案；产生评价方案的标准等。

第三，问题设置要贴近学生的兴趣点。学生来自不同的文化背景和方言区域，因此在教学中，结合学生的母语进行教学是一种有效的手段。这不仅能够提高学生的学习兴趣，还能够将抽象的知识转化为更易于理解的实际情况。以国际音标教学为例，可以设置一个任务：请在国际音标表中找出自己方言中存在但普通话中不存在的元音和辅音，并举例说明其特征。通过这样的活动，学生能够更加深入地理解音素的发音要领，并在实际运用中不知不觉地掌握许多难以学习和记忆的理论知识。

二、语言学概论课中问题探究式教学模式的问题探究

问题探究式教学模式强调将问题的思考和课程的学习结合起来，使师生在提出问题—探究问题—讨论问题—解决问题—引发新问题的螺旋式过程中展开交流和学习。从课内出发向课外延伸，从课外延伸向课内深入，尽可能在课堂上有计划地组织学生就话题展开讨论，为学生提供思维摩擦与碰撞的环境，搭建更开放的学习平台，调动学生的积极性，激发学生思维—培养探究能力—形成合作意识—促进教学相长。

第一，教师在指导学生观察语言现象、分析语言问题时，应当在关键之处给予学生恰到好处的指导，既要避免直接给出答案，又要确保点拨充分，使学生能够在教师的引导下自主探索并解决问题。

第二，教师要在教材重难点之处精心准备，加大探讨力度和深度。落实重点解决难点是“语言学概论”课程教学的基本要求之一。重点和难点知识固然重要，但学起来相对枯燥深奥，这就需要教师在这些知识点上推进思考。通过问题的探究、研讨，营造出新鲜又能激发学生求知欲望的氛围。

---

① 维果斯基的“最近发展区理论”，认为学生的发展有两种水平：一种是学生的现有水平，指独立活动时所能达到的解决问题的水平；另一种是学生可能的发展水平，也就是通过教学所获得的潜力。两者之间的差异就是最近发展区。

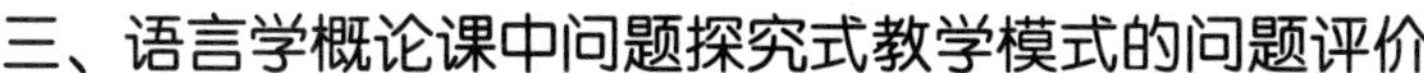

三、语言学概论课中问题探究式教学模式的问题评价

作为教学的组织者、参与者和指导者，教师应对学生的探究过程和独特见解做出中肯的评价，适当表达对他们的鼓励与期望，这将会增强学生的自信心和独立意识，促使学生养成良好的学习习惯。

第一，教师要注重对学生探究过程的评价。探究式教学法重点在于学习过程，而不仅仅是传授基本理论。除了传授理论知识，还应培养学生观察语言规律的能力和技能。这就要求教师在评估探究问题时，不仅要关注学生的探究成果，还要重视其探究过程。对于学生的探究动机、参与度、研究方法、合作精神及表达能力等方面，应给予适当的及时评价。

第二，教师要注重对学生个性见解和创新思路的评价。依据建构主义，学生在已有生活学习中已经形成丰富的知识经验。他们对世间万物都有自己的理解和看法，在新知识建构的过程中，每个个体的建构方式都是独特的、与众不同的。教师要尊重学生的个性发展，赞赏每一个学生的好学质疑和对自己的超越，对那些主动参与意识较差的学生，要尽量肯定合理的部分，增强他们的自尊心和自信心，让他们进入良性发展轨道。

第五章　中国历代文学与传统文化教学模式

第一节　中国历代文学理论的演变及教学实施

一、中国历代文学理论的演变发展

（一）中国历代文学理论——中国文原论

《文原》是明代鸿儒宋濂所作的关于文学、文章的理论著作，文原二字拆开，文指的是文学、文章，原指的是本源、本体。我国古代文学作品多用“原”做文章的名字，如《原道训》《原道》等。本书所指的“文原论”并不是要对《文原》这篇文章进行研究，而是指对文学的本源、文学的本体或文学的原理的思考。文学有不同的功能和作用，不同方面的文学作品有不同的特征。我国古代文学作品中也有很多关于文学本质、功能和特征方面的论述，而且已经形成了相对比较系统的理论。

第一，“文原于道”“文以明道”“文以载道”是以儒家为代表的主流文学理论学派的纲领。“道”在我国先秦典籍中是一个很常见的词汇，儒家的代表人物荀子就已经有了“文以明道”的思想，“文以明道”指的是文学作品的功能。“诗”和“乐”都属于古代的文学艺术范畴，荀子从“文以明道”的角度将两者纳入“圣”道范畴之内。

“文原于道”这一观点，是从文学产生的角度进行探讨，首次被刘勰提出。刘勰作为南朝梁时期的文学理论家和文学批评家，在《文心雕龙》这部卓越的文学理论著作中，深入阐述了“文原于道”的观点。该著作在文学史上有着重要地位，不仅是现存最早的文学批评专著，更展现出刘勰对文学艺术的独到见解。他通过对各类文学作品的深入研究，首次系统地论证了“文”与“道”之间的内在联系。从哲学和政治的角度，深入挖掘文学的本质属性。在这一关系中，“文”既依附于“道”，又保持相对独立性，二者之间形成了一种辩证统一的关系。

在我国古代文学史上，“文”与“道”的关系问题一直备受关注，众多学者对其进行了深入的研究。这一问题之所以重要，是因为它涉及对文学的本质、地位和作用的思考。刘勰的“原道”理论为文学提供了理论定位，并为其发展提供了坚实的理论基础。纪晓岚等文学家对刘勰的理论给予了高度评价，充分肯定其在文学批评方面的卓越贡献。刘勰在阐述“原道”思想时，强调文学应贴近现实生活，避免过于神秘化。他认为，文学是人们内心世界的文字表达，而“道”则是圣贤所倡导的伦理之道，二者相互关联。在几千年的文学发展历程中，“文”与“道”的关系一直备受重视，许多学者都认为文学应与社会、政治、教化紧密相连。尽管时代变迁使得“道”的内涵不断变化，但“文原于道”的理念仍然具有现实意义，对当今文学理论的发展仍具有指导作用。

“文”与“道”的关系在我国古代的唐宋时期同样引起了文坛的热烈讨论，并且对我国的文学理论思想产生了久远的影响，直至明清时期。从宋代到明代，不同的文学理论家提出了不同的文学理论，并且创立了不同的理论学派，但大多是从文学的伦理道德角度考虑文学的教化功能，认为教化当是文学之本。明代鸿儒宋濂的《文原》，也并未对“原”提出多少新意，主要也是对“原道”之说进行的重新论证。由此可见，将“文”与万物、圣贤之道联系起来进行思考一直就是中国古代文学的重要命题，从而形成了“文原于道”“文以明道”的重要思想。同时，“文原于道”“文以明道”也作为中国古代文学的纲领见解引领了中国文学几千年的发展，这也可以看作中国古代文学的重要特色。

第二，我国古代文学理论的另一个重要观点就是“情志说”，也是当今文学依然经常使用的理论观点。我国自古关于诗的本质的讨论就有“诗言志”的观点。“志”代表“志向”“思想”。我国先秦教育家孔子在谈及个人发展时曾说：“志于道，据于德，依于仁，游于艺。”可见，古人对志向的理解应当是“道”，要合乎社会之道。诗是我国古代文学的重要体裁，也是抒发个人情感、表达个人志向的重要载体，如果只是把诗歌当作明志的载体，必然会限制诗歌的发展。我国古代文学观念发展的另一个重要的方向就是“志”与“情”的融合。在古代文学中，作品是要体现个人情感的。情感源自人的内心和思想，是文学作品的一个重要因素。但是古人对文学作品的情感抒发还有一个限制条件，那就是“发乎情，止乎礼义”。换言之，情感的抒发要有一个道德底线。文学作品是抒情言志的重要表达方式，这一点至今依然是文学作品不变的话题，有所改变的只是“情”与“志”的内容。

在古代中国，文学作品理论经历了从先秦时期的“明道”到“抒情言志”的发展。在魏晋南北朝时期，文学理论强调了文学的“缘情”和“情性”，这种观念的创新为后世文学创作提供了重要的指导思想。刘勰在《文心雕龙》中提出：“诗者，持也，持人情性。”这一观点从文学创作主体的角度出发，认为文学创作应该突破“礼义”的限制，充分展现创作者的主体性和个性。中国古代文学作品注重独抒性灵、明心见性，强调创作者的主体精神，这些优秀传统为当代文学理论的构建提供了宝贵的借鉴。

第三，古代文学理论家们向来关注对文学作品社会功能的讨论。西方文学理论大多带有功利性主张，少有纯文学的理论。我国古代的文学理论总体上重视文学作品的政治和教化功能，这与西方文学作品是有区别的，也是我国古代文学理论的主要观点。这种观点和之前所说的“原道”思想息息相关。

孔子的“志于道，据于德，依于仁”（《论语·述而》）的思想主要是为社会政治和社会教化服务的，同时也将文学作品纳入社会道德的范畴，儒家思想中的“原道”“明道”“载道”都是为了对文学作品的社会政治和教化功能进行定位。孔子作为伟大的教育家，对诗的功能有自己的见解，《论语·阳货》记载孔子的“兴观群怨”思想：“诗，可以兴，可以观，可以群，可以怨。迩之事父，远之事君，多识于鸟兽草木之名。”“兴观群怨”思想与《毛诗序》中的“经夫妇，成孝敬，厚人伦，美教化，移风俗”都是对诗的教化功能的思考。

我国古代的文学作品还有“讽谕”“美刺”“寄托”“讽劝”作用，这也是从文学作品的教化功能考虑的，当然，能够体现这些作用的文学作品都有其特殊的创作方式，例如，小说、戏曲等这些我国古代重要的文学作品。明代著名的文学家、小说家冯梦龙创作的“三言”——《醒世恒言》《警世通言》《喻世明言》，单就名字看就具有明显的教化作用。

第四，我国古代文学理论的研究大多是对文学作品的本原进行讨论，主要是从文学的社会属性考虑。但是，文学是具有艺术属性的，而我国古代对文学的艺术属性的讨论相对较少，但是也有少量涉及。在我国古代文学理论中，意境论是探讨文学艺术属性的核心观点。它深刻地揭示了文学艺术的本质，并精辟地概括了我国古代文学作品的美学内涵。意境论在我国古代文学理论中占据着举足轻重的地位，为后世对文学艺术的研究提供了重要的理论支撑。经过历史的沉淀，意境论逐渐融入了各种哲学思想，如言与意、情和景、心和物、形和神、韵和味等，成为人们审美体验中不可或缺的因素。自春秋战国时期的老庄哲学萌芽以来，意境论的生成和发展便具有深远的历史渊源。至今，已有大量的研究成果涌现，进一步丰富了意境论的内涵和应用。

《诗格》是唐代文学家、诗人王昌龄关于诗的一部著作，对诗进行了比较全面和详细的介绍。在《诗格》中，王昌龄提出了他对诗的三境的看法：“一曰物境，二曰情境，三曰意境。”这是我国现有文字记载中第一次提到“意境”一词的著作。王国维的境界说中，物、情、意三者都是意境的组成部分，由此来看，王昌龄的三境都属于意境的范畴，只是对意境的侧重点进行了区分。意境是由主观和客观共同组成的，主观包括“情”和

"意"，客观包括"景"和"物"，他们互相融合，共同为意境创造出独有的生命力。

意境是一个较为抽象的概念，它源自人的大脑对各类信息的整合与反应。此过程需要结合大脑已有的知识储备。在整体结构上，意境表现为一种虚实相间、有无相生的景外之景、言外之意，是一种独特的艺术表达效果。在欣赏作品时，无论是画作、书法，还是诗篇、散文和小说等文学作品，意境均具有至关重要的意义。文学作品的核心在于通过文字展现语言的魅力，将文字所传达的思想融入创作者构建的艺术意境之中。对于文学创作而言，创作者须具备创新思维，将现实中的"物"与主观意识中的"我"相结合，借助文字创作出具有艺术价值的作品。在这一过程中，酝酿出具有艺术感染力的意境是至关重要的，它赋予了文学艺术独特的魅力。文学作品中的意境是创作者对"物"与"景"的再创造，是他们表达思想情感的重要手段。同时，对于读者而言，意境能够引发他们与作者的共鸣。总而言之，意境在文学作品中扮演着举足轻重的角色。

文学作品之所以具有生命力和欣赏性就在于有"意境"二字，没有"意境"的文字不能称为文学作品。西方的文学理论中有很多不同的学说，如模仿说、再现说、表现说等，这些理论主要是对文学作品的创作方法加以区分。对于文学理论而言，我国的意境论将主观与客观进行融合，将文学作品的表达总结得淋漓尽致，这也是我国古代文学理论的特点。

（二）中国历代文学理论——中国文学鉴赏论

文学鉴赏也可以称作文学批评，过去人们习惯使用文学批评史来指代我国古代的文学理论史。实际上，我国古代对诗话、词话、小说、戏曲等文学作品的批评更多的是一种文学鉴赏，很少对创作者的作品进行系统和整体的分析批评。

1. 个性风骨说

在我国古代，大多数的文学鉴赏都是对作品整体风格的感受，鲜有鉴赏者会对文学作品进行细致和有条理的分析。因此，古代的文学鉴赏都侧重于文学作品所表达的风神、气象、风骨、气韵和意境等。这种鉴赏方式也可以称作是对文学作品风格美的鉴赏，这也是我国古代文学鉴赏的特色，例如，"汉魏风骨""盛唐气象"等。文学作品的风格具有创造性和多样性，不同的文学作品表达着不同的个性，这是因为创作者有着不同的个性、习惯和风采。文学作品之所以会形成不同的风格，就在于作品必然会留下创作者自身个性的烙印。关于作品的风格，可以分为八种，分别是典雅、远奥、精约、显附、繁缛、壮丽、新奇和轻靡，当然，这只是文学作品风格的大概。

刘勰对贾谊、司马相如、扬雄、班固等不同创作者的作品进行论述，分析他们才、学、志、气的不同对文学作品风格带来的差别，这也为后来的评论家们提供了一个很好的品鉴方法。例如，钟嵘在他的《诗品》中就使用了刘勰的方法进行文学批评，他用自己的观点将诗人分为上、中、下三品，分析不同品类诗人的风格差异。唐代的司空图同样采用了刘勰的品鉴方法，他在《二十四诗品》中对各种不同风格的文学作品进行比较直观的鉴赏，然后再对这些不同进行象征性的描述，这对我国古代的文学鉴赏产生了比较深的影响。“风骨”与“风格”有所区别。“风骨”反映出文学作品所要表达的思想、情志，主要是通过辞藻来表现，要求辞藻富有感染力、有力量，所谓“风清骨峻”“文明以健”自然是一种健康而又有艺术力量的风格。

2. 知音识器说

在我国古代，文学鉴赏的核心在于寻找“知音”，这是由于文学鉴赏本质上是一种审美活动，需要读者在思想上与作者产生共鸣。如果读者无法通过作品感受到作者的深意，那么这种鉴赏就无法称为真正的鉴赏。这就好比音乐欣赏，如果听者不具备欣赏音乐的耳朵，再美妙的音乐也无法打动其心弦。同理，如果没有懂得欣赏的听众，演奏者的表现再出色也只能自我陶醉，无法产生广泛的影响。

刘勰在他的《文心雕龙·知音》对“知音”也进行了详细的探讨，其中有云：“知音其难哉！音实难知，知实难逢，逢其知音，千载其一乎？”虽然文章对知音的描述有些夸张，但是确实能够看出知音之难。作品能否被真正地鉴赏，取决于是否能够找到作品的知音，当然，被鉴赏的作品同样也需要有真正的鉴赏价值。知音作为鉴赏者，也需要有一定的文化理论水平和相关的文化修养，否则很难用正确和客观的态度鉴赏作品。知音对作品的鉴赏应当是公平公正的，任何带有主观偏见的鉴赏者都不是真正的知音。

《文心雕龙·知音》中提到，带有主观偏见的鉴赏者会导致：“会己则嗟讽，异我则沮弃，各执一隅之解，欲拟万端之变，所谓东向而望不见西墙也。”因此，文学作品的鉴赏对鉴赏者有较高的要求，需要鉴赏者有比较全面的知识，这样才能保证对作品的高水平鉴赏。识器讲的就是鉴赏水平。

从另一个角度而言，人作为独立的个体，都会有自己的思想。鉴赏作为一种文学批评活动，难免会掺杂鉴赏者的主观成分。因此，文学鉴赏需要有一定的客观标准。刘勰在《文心雕龙·知音》中对文学作品鉴赏提出了“六观”的看法，文章中提到：“一观位体，二观置辞，三观通变，四观奇正，五观事义，六观宫商。”通过“六观”将文学批评的标准更加明确化，给文学作品的鉴赏者提供了参考方向。

自古以来，文学作品的鉴赏是人们主观思维的一种活动。由于文学作品种类繁多、风格各异，加之鉴赏者的文化背景和水平存在差异，导致文学审美活动在实践中必然会存在不同的观点和评价。因此，对于鉴赏者而言，保持客观、公正和无私的态度至关重要。他们应该运用自己的知识和经验，不断提高文学鉴赏水平，以期更深入地理解和评价文学作品。

（三）中国历代文学理论——中国文学创作论

我国古代的文学理论家对于文学的创作同样有着很多独到的见解，可以从诗论、文论、戏曲论、小说论中找到古代文学理论家的创作论。我国的古代文学理论的文字记载中有很多关于文章的创作方法、诗律启蒙的书籍，这些书籍也可以看作是创作理论的范畴。但是真正的创作论应当是一种系统性的研究论述，包括对文学的创作动机的发生、创作构思的特点、内容与形式的关系、语言文字的魅力等这些带有规律性的问题。

文学创作，这一实践活动，无疑蕴含着深厚的创造性。尽管许多创作方法的形成得益于众多创作者的实践经验，但文学创作绝非简单地遵循既有模式。相反，它是一项复杂的思维活动，要求创作者深入挖掘自己的精神世界，寻求独特的文学表达。尽管存在各种创作论为创作者提供参考，但真正的创作体验仍需创作者亲身体验。因此，文学创作的关键在于创作者的亲身实践，以及对创作过程中酸甜苦辣的深刻体会。

由此可见，我国古代的文学理论家早已意识到文学创作不单单需要创作的方法，同时还需要自己亲身体会创作的玄妙之处，总结创作实践的规律。这就需要创作者不断地进行创作实践，在实践中领悟创作的奥妙。创作的玄妙是很难用语言来表达的，是一种精神世界的感悟。但是，文学的创作还是有一些规律可循的，这也是文学创作的共性问题和基本问题，值得创作者借鉴。

第一，我国古代文学创作理论中讨论的一个基本问题是心物感应，这也是中国古代哲学的一个命题。西方文学理论流派纷繁，有的从现实生活出发探究文学创作的思想源泉，有的从神学或个人主观意志角度解读文学创作，从而形成了多元化的理论体系。然而，与西方文学理论不同，中国古代文学理论家对于文学创作持有共同的观点，即心物感应论。该理论认为，文学创作是一个心物相互感应的过程，表现为创作主体与客体的融合。在古代文学理论家的眼中，“心”与“物”相互依存、相互融合，缺一不可。他们不片面强调“心”或“物”的作用，而是认为两者共同构成文学创作的基石。因此，心物感应论既非纯粹的唯心主义，也非纯粹的唯物主义。在心物感应论中，“物”被视为创作的基础，“心”则被视为创作的主导。这里的“心”指创作者的思想，而“物”则可以是自然界的事物或景物。总之，中国古代文学理论家以心物感应论来概括文学创作的本质，这一理论既体现了创作者与自然界的互动，又突出了思想与物质相互融合的观念。

我国古代文献中有很多对“物”的看法和论述，其中刘勰和钟嵘的著作对“物”的描述最为形象。例如，刘勰在《文心雕龙》中对“物”的描述为“情以物迁，辞以情发”，这是一个著名的论断。钟嵘认为能够“感荡心灵”的事情有很多，既包括自然界的四季交替，又包括社会生活中的爱恨离别，还包括社会政治的动荡。通过这些事，人们的心灵能够受到感触和启发，这就是一种心物感应。诗歌、小说等文学创作的心物感应都是如此，其他文艺作品如喜剧等亦如此。刘鹗是清末著名的小说家，他用“哭泣”来比喻文学创作。《老残游记》是刘鹗的代表作，其《自序》中有云：“盖哭泣者，灵性之现象也。”由此看来，刘鹗认为哭泣是一种灵性表现，而灵性则表示人能够对物产生反应。在刘鹗看来，人们的心物感应会产生感情，而感情会引发人们哭泣，对某种“物”的感情越深，哭泣得就越厉害。感情也分为很多种，有的是对自己身世的感情，有的是对国家的感情，有的是对社会的感情。文学创作可以看作是人对现实社会的哭泣，他列举《离骚》《庄子》《史记》等文学作品的作者，认为他们创作的作品都是对某种事物的哭泣，与现实社会的境遇有不可分割的关系。

第二，创作者在经历或者看到某些“物”之后就会有自己对“物”的思考，然后开始进行文学艺术的构思。文学创作是一个思维活动的过程，需要对文学作品进行艺术构思，可以看作是一种“神思”。文学创作者应当有丰富的想象力和想象空间，应当具有宽阔的胸怀和视野，这样才能进行有效的“神思”。同时，创作者的神思应当根据物的变化，并不是简单的逻辑推理，是具有鲜明的形象性的，这也可以称作形象思维。另外，创作是有其自己的过程的，是由物到神再到辞的创作过程，它们之间是递进的关系。“神思”成为我国古代文学理论的专有名词，具有丰富的内涵，展示文学创作的玄妙。古代其他文献中也有关于“神思”的相关论述，但大体都与刘勰的观念相差无几。

宋朝作为我国文学发展繁荣的时期，极大地丰富了古代文学理论。严羽，作为该时期著名的诗论家及诗人，在《沧浪诗话》中提出了独特的“妙悟”之说。他视之为一种新的艺术认知方式，并称之为“别才”和“别趣”。严羽主张思想不应受制于语言和逻辑思维，认为妙悟如同镜中花、水中月，充满无尽的妙趣和意境。由此可见，尽管严羽的“妙悟”与刘勰的“神思”在文字表述上有所不同，但其核心思想具有异曲同工之妙，均强调思维活动的独特性。

清代初期的诗词理论家王士祯，通过自己对文学创作的领悟提出了“神韵说”。在王士祯的“神韵说”中，他非常重视“神”的作用，但是也不忽略“兴”。王士祯在《池北偶谈》中提到：“大抵古人诗画，只取兴会神到，若刻舟缘木求之，失其旨矣。”“兴会神到”非常形象地表述了“兴”和“神”的关系。“兴会”可以看作是创作者的灵感，而

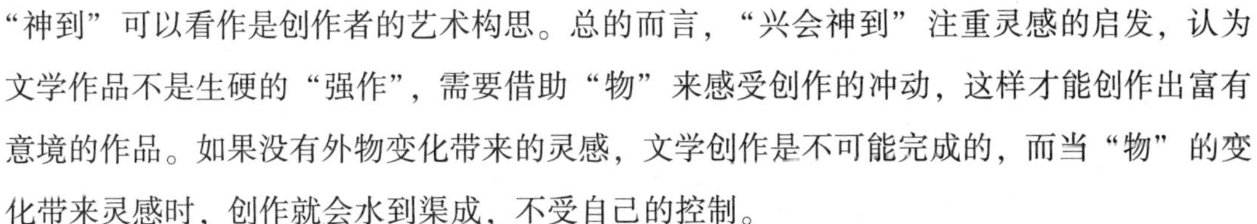

"神到"可以看作是创作者的艺术构思。总的而言，"兴会神到"注重灵感的启发，认为文学作品不是生硬的"强作"，需要借助"物"来感受创作的冲动，这样才能创作出富有意境的作品。如果没有外物变化带来的灵感，文学创作是不可能完成的，而当"物"的变化带来灵感时，创作就会水到渠成，不受自己的控制。

第三，文学作品所表达的思想需要文字作为载体，没有文字就没有文学作品，也就没有语言艺术。因此，文学理论也需要对文字的功能以及使用技巧进行研究，这也是文学理论家们比较关注的一个问题。我国古代文学理论中有很多关于文字使用技巧的研究，主要研究方向集中在遣词造句、修辞炼字、篇章结构等。古代文学理论家对文字的研究，主要是为了分析文字能否完整清晰地表达创作者的主题思想，能否展现文字的艺术魅力。

"言意之辨"是我国古代的一个重要的哲学命题，最早由庄子学派的创始人庄周提出。魏晋南北朝时期，由于文学的发展，文学理论家们对"言意之辨"进行了深刻的讨论，其讨论的主要问题有两个，一个是"言不尽意"，另一个是"言能尽意"。"言意之辨"，给古代的文学理论家带来了很多的启示。同时，通过"言意之辨"，意境论也得到了很大的发展。我国的古代哲学文献中也有很多关于"言"和"意"的论述。《易・系辞上》中提到："子曰：'书不尽言，言不尽意。'然则圣人之意，其不可见乎？子曰：'圣人立象以尽意，设卦以尽情伪，系辞焉以尽其言。'"通过这段论述可以看出，语言是有局限性的，仅仅通过"言"和"书"很难表达所有的思想。因此，圣人又用"象""卦"和"辞"来补充"言"和"书"的不足，可以唤起人们的想象力，使思想表达得完整清晰。

文字的表达是有限的，但是文字中蕴含的意境则是无限的。这就需要准确地使用文字来引起人们的联想，使文字所表达的意思准确地传入读者的思想。我国古代的思想家庄周对此阐述得比较深刻，《庄子・天道》有云："世之所贵道者书也。书不过语，语有所贵也。语之所以贵者意也，意有所随。意之所随者，不可以言传也。"这就是"只可意会，不可言传"的出处，也是一种思想境界。这种思想也体现在庄周的"得意忘言"之中，《庄子・外物》有云："荃者所以在鱼，得鱼而忘荃；蹄者所以在兔，得兔而忘蹄。言者所以在意，得意而忘言。"这都是古代思想家对文字局限性的理解，同时也是对"言不尽意"问题的思考。

"言不尽意"在庄周时代就已经进行了充分的论证，但是到了魏晋南北朝时期，思想活跃的理论家又将这一问题引出来重新进行讨论。西晋文学家欧阳建曾经对"言不尽意"提出过反对的观点，在《言尽意论》中提出："名逐物而迁，言因理而变，此犹声发响应，形存影附，不得相与为二，苟其不二，则言无不尽矣。"这种观点并没有考虑文学作品需要表达思想内涵的属性，没有考虑文学创作的意境表达，自然有其局限性。因此，欧阳建才能提出与庄周不同的观点。

曹魏时期另一位哲学家王弼对“言”和“意”也进行了充分的论述，在他的《周易略例》有云：“夫象者，出意者也；言者，明象者也。尽意莫若象，尽象莫若言。言生于象，故可以寻言以观象；象生于意，故可以寻象以观意。意以象尽，象以言著。故言者，所以明象，得象而忘言；象者，所以存意，得意而忘象。犹蹄者所以在兔，得兔而忘蹄；筌者所以在鱼，得鱼而忘筌也。”这段问题讨论了“象”的作用，在“言不尽意”时，“象”则是一种很好的表达手段。在语言文字的发展中，“象”可以看作是古人的一种语言智慧，通过象可以使语言的表达更加完美，充分体现了我国语言的艺术魅力。我国古代文学理论家们受“言意之辨”的启示，对语言艺术进行了深刻的总结，是我国语言文字艺术的结晶，有许多“得其用心”之说值得我们深入研究。然而，当前我国的文学理论研究中，对国外的形象思维进行了很多的探讨，往往忽视了富有语言魅力的本土理论，这是语言理论研究上的一个失误。因此，我们要充分重视对古代文学理论的研究，让古人的语言智慧在当今社会依然能够发挥重要的价值。

第四，言不尽意是由语言本身的局限性导致的，是因为文学作品承载着“意”。对于文学作品而言，“言”是有限的，但是作品所表达的“意”是无限的；“言”是固定的而且散碎的，但是作品的“意”是缥缈且完整的。语言的使用是一门艺术，文学创作者就是要掌握这门艺术才能在有限的“言”中表达出自己无限的“意”。中国的文学以汉字为载体，属于汉语言文学。中国的汉语言学家们为了能够充分展现汉字的表现能力，以及充分发挥汉字的功能，对汉语言进行了很多理论研究。这些研究中包括语法修辞、章句炼字等。汉字特殊的声韵和造型结构具有拼音文字所不具备的文字魅力，使之具有丰富且独特的文字表现能力。这一点不但体现在我国古代诗歌中，同样体现在其他文学作品中。

在南北朝之前，虽然也有对文艺作品声律的研究，但研究主要是针对音乐。到了魏晋南北朝时期，古代人们才开始重视文字的声韵之美，并且对声律的研究进行了深入而且广泛的探讨。当时对文学作品声律的研究已经从诗歌、骈文等扩展到散文。西晋著名的文学家陆机，在《文赋》中有云：“暨音声之迭代，若五色之相宜。”在陆机之前，古人已经尝试在诗歌中运用音乐宫、商、角、徵、羽五种音调。经过魏晋时代的发展，齐梁时期的沈约等人提出了诗歌创作的“四声八病”，至此，对诗歌音乐美的要求才得以明确。通过对齐梁时期的文献研究可以发现，当时的文坛非常讲究诗歌的“四声八病”，而且当时的诗坛已经形成了一套比较完整的符合当时诗歌美学的声韵理论。

沈约的《宋书·谢灵运传论》中有云：“自骚人以来，此秘未睹。”对于音韵的使用，在沈约等人发明“四声八病”之前就已经有了，只是沈约等人通过“四声八病”将音韵使用得更加具体和规范化了。音韵能够为诗歌带来抑扬顿挫的旋律美，能够提升诗歌的艺术表现力。《文心雕龙》中有两篇关于声韵的文章，分别是《声律》《俪辞》，这两篇文章对四声变化、双声、叠韵、文辞对偶等问题进行了深入的探讨。六朝时期古人对声律的讨论对后世格律诗的发展产生了很大的影响，甚至影响着后来宋词和元曲的发展，这源于我国汉字独特的声韵特征，具有鲜明的民族性。

我国的历史也是一部文学发展史，有很多关于文学创作相关的理论研究，例如，对《诗经》中“赋、比、兴”的研究，还有对文学创作谋局部篇、立意措辞等方面的研究，大多是对文学创作的形式技巧方面的探讨。

二、中国文学理论课的教学实施

（一）中国文学理论课的慕课教学

对于文学专业的学生而言，“文学理论”是一门必修课程，主要研究文学的本质、特征和发展规律以及文学社会作用的原理和原则。同时，文学理论也是文艺学的一个门类。通过对文学理论的学习，学生可以提高对文学作品的鉴赏水平，增进对文学概念的理解，形成对文学理论的正确认识。国内外的大学都设置了“文学理论”这门课程，但是我国的课程内容与国外有很大的区别。目前国内的慕课平台主要有中国大学慕课、智慧树和超星尔雅等，也有其他的视频网站，如哔哩哔哩。

哔哩哔哩是随着互联网的发展而兴起的一个视频播放平台，网站上的课程大部分都是录制的视频，其中有一套耶鲁大学的文学理论课程，从中就可以看出国外教学内容与国内的不同。另外，哔哩哔哩网站上还有一些国内大学的文学理论课程视频，如厦门大学、华中师范大学、北京师范大学等不同的学校。当然，哔哩哔哩网站的课程只是单纯的视频录像，并没有其他配套的教学资源。

中国大学慕课平台是一个表达的慕课平台，平台上有很多国内大学的文学理论慕课，例如华东师范大学、南京师范大学等。智慧树也是国内比较知名的一个网上学习平台，但是网站上关于文学理论的课程并不多。国内另外有一个重要的网上学习平台是超星尔雅，其并没有建立关于文学理论的课程，但是有一些关于文学理论的讲座。总体来看，国内关于文学理论的慕课资源相对不多，主要集中在中国大学慕课平台。

慕课作为一种新型的网上学习方式，丰富了学生学习的方式和路径。文学理论课作为院校的课程之一，也在慕课方面取得了长足的进步。当前我国文学理论慕课主要有两种情境。第一种是在开放的教室进行，这种情境的慕课就是教师的现场授课，通过网络进行传输，能够让学生有身临其境的感觉。第二种是在封闭的录制室内进行，这种情境的慕课只有教师一个人对知识进行讲解，没有师生之间的互动，同时在慕课视频中也会穿插一些视频或者图片等教育资源，一般授课时间在30分钟左右。

1. 中国文学理论课中慕课教学的现状

（1）学生自主性不强，观看慕课不积极。慕课是一个开放的网络学习环境，需要学生进行自主学习，这就要求学生有良好的自制力和执行力。在慕课环境中，教师的课堂管理被弱化了。对于一些自我控制能力较差的学生而言，这种开放自主的学习方式反而会造成学生学习效率的下降。因此，通过慕课进行教学，教师需要制定一套有效的学习激励手段，一方面对学生学习进行监督；另一方面增加学生的学习动力，增强学生自主学习的意识。同时，教师还应制订一套行之有效的学习计划，让学生按照学习计划执行，促使学生角色由被动地接受知识向主动地索取知识转变。

（2）文学基础理论知识教学内容构建尚未系统化。目前，关于文学理论相关的慕课尚未形成系统，大部分文学理论慕课只是针对文学理论的某一知识点进行讲解。在多数慕课平台上，能看到的文学理论知识课程比较少，但是也有相对比较系统的课程，例如，华中师范大学在中国大学慕课平台上的文学理论慕课。还有一些文学理论慕课，由于教师的专业特长限制，在老师熟悉的方面讲解得就比较透彻，但是在其他方面不深入，造成课程结构的不合理。还有的教师在对文学作品进行分析时，不能从多角度进行批评，这种情况比较集中在一些地方高校。另外，由于一些学校并未建立起系统的文学理论慕课，导致慕课教学受到限制。

（3）国内各个慕课平台建设没有一体化。慕课给学生的学习带来了很大的便利，通过慕课，学生可以享受到不同学校的教育资源。不同学校设置的慕课课程不同，通过感受不同学校的教学内容与教学方法，学生可以提高对课程的整体认识，有利于学生的专业发展。近些年，慕课在我国取得了很大的进步，出现了很多慕课平台。这些平台相互独立，没有形成资源整合。虽然众多的慕课平台带动了慕课的发展，但是对于学生而言，想要学习不同的慕课课程就需要下载不同的软件，而且不同的慕课平台有不同的设计模块，这样学生使用起来会有诸多不便。因此，需要一个大平台将各个平台的资源进行整合。通过资源整合，学生不用再通过各个平台分别寻找自己想要的慕课课程，只须搜索就可以看到各个平台的资源，直接选择就可以学习，既节省了学生寻找课程的时间，又可以直观地感受到各个学校慕课课程的区别。

（4）搭建新型的教育教学共同体并不完善。慕课作为一种新型的教学模式，需要老师不断地学习新技术，也给老师的教学带来很大的挑战。但是，慕课教学模式的发展也为改变当前的文学理论教学带来了新的突破口。通过慕课平台，教师能够利用新的网络技术不断更新和完善自己的教学成果，由课程教学的执行者逐渐转变为课程资源的开发者，同时，也由学生学习的知识灌输者转变为知识引导者，这都是一种角色的转变与进步。慕课教学可以让教师充分发挥自己的创造力和想象力，丰富自己的教学资源，为学生创造最佳的学习体验。慕课的开发过程中，教师需要对教学进行细致的设计。同时，在慕课项目开发的最初阶段，教师还需要学习新的视频制作和录制技术，需要与相关平台的技术人员及时进行沟通，以便在遇到问题时能够及时解决，这也是教师自身能力的提升。另外，教师还要根据自己的慕课设计参加不同的培训项目，与其他老师进行交流沟通，汲取慕课方面的教学经验，进而提升自己的教学水平和职业素养。

通过慕课，教师可以将文学理论与在线课程进行完美融合，给学生更加清晰的学习思路。慕课让学生更加主动地学习，有利于在学校形成浓厚的学习气氛，促进学生之间进行知识交流与互动。但是，慕课在我国还是一种相对比较年轻的教学模式，有许多问题需要解决，例如，部分学校将慕课的制作看作是技术的提升，并未将学生的主体地位放在课程的第一位；有的文学理论慕课并没有进行教学创新，只是将课堂的知识传授搬到了慕课平台，并没有从思想上改变对传统教学模式的依赖；还有的学校由于慕课教学市场的限制，缩短了文学理论慕课教学的市场，导致教学内容不合理，学生对文学理论的慕课学习没有系统性。慕课在我国院校的发展中还有很长的路要走，需要学校、教师和平台的共同参与，为搭建新型的教育教学共同体而努力。

2. 中国文学理论课中慕课教学的优势

（1）视觉化教学更易理解文学理论的抽象性。慕课是一种视觉化的教学形式，能够利用互联网的优势增加不同的教学元素，从而增加学生的学习兴趣。文学理论课由于包含很多抽象的概念，学生在传统的教学课堂上很难理解到位。慕课的教学模式则可以改变这种情况。

互联网存在很多视频、图片素材，教师可以在教学开展前通过互联网搜集自己所需的教学材料，最后通过慕课将一些晦涩难懂的理论知识用生动形象的视频或者图片表达出来，加深学生对理论知识的印象，增进学生对理论知识的理解。教师也可以自己制作一些动画形象来表达需要学生理解的内容，这样不但具有趣味性，同时也提高了教学能力。人的大脑思维对形象事物的印象要比对文字的印象更深。慕课教学可以充分发挥视觉符号的作用，将抽象的概念符号化。另外，慕课视觉化的教学也有助于培养学的审美直觉，增强学生的学习注意力。也可以说，审美直觉的加入给文学理论教学注入了新的活力，增强了学生的艺术理解能力，有助于提高学生的审美水平，改善教育教学质量。

（2）促进了对偏远地区教学资源共享。互联网慕课的发展让教育打破了空间的界限，可以实现国内教育资源的跨地区共享，这就为教育资源匮乏的地区提供了良好的学习机会，能够使学生通过网络与其他学校的学生一起学习，享受同样的教育资源。

慕课教育平台的发展为学习者提供了更多选择学习的机会，同时，互联网的发展为学习者提供了更便利的学习条件。文学理论的学习需要学生不断地积累自己的文学知识，加大文学作品的阅读量。但是，受社会环境和时代发展的影响，新一代的学生鲜有能够沉下心来进行阅读的，更不愿意为了阅读专门去找图书馆借书。因此，通过慕课平台，教师可以将文学理论教学中必看的书目直接上传到教学资源中，鼓励学生进行电子阅读，这样既节省了学生买书或者借书的时间，又可以让学生随时随地进行阅读，同时也可以完成教学目标。

3. 中国文学理论课中慕课教学的策略

中国文学理论课中的慕课教学需要采取多种策略，以提高教学效果和学生的学习体验。

（1）明确教学目标：在开始课程之前，教师应明确教学目标，包括学生应该掌握的理论知识、技能和素质。这有助于教师有针对性地设计课程内容，确保学生能够通过学习达到预期效果。

（2）整合教学资源：教师可以从多个渠道获取教学资源，如教材、学术论文、网络文章等。将这些资源进行整合，可以使学生更加全面地了解文学理论的相关知识，同时也有助于提高学生的学习兴趣。

（3）创新教学方式：慕课教学可以采用多种教学方式，如讲授、讨论、案例分析等。教师可以根据课程内容和学生需求选择合适的教学方式，以达到最佳的教学效果。

（4）注重互动交流：慕课教学应注重师生之间的互动交流，鼓励学生提问、发表观点和意见。教师可以利用在线讨论区、实时聊天等工具与学生进行交流，及时回答学生的问题，并给予反馈和指导。

（5）评估学习效果：教师可以通过多种方式评估学生的学习效果，如考试、作业、课堂表现等。评估结果可以为教师提供反馈，帮助教师了解学生的学习状况，及时调整教学策略。

（6）建立课程评价体系：教师可以通过建立课程评价体系，鼓励学生参与评价过程。学生通过评价课程、教师和同学的表现来提高自己的学习效果和参与度。

（7）提供个性化学习支持：慕课教学可以为学生提供个性化的学习支持，如学习计划、学习资源、学习指导等。这有助于满足不同学生的学习需求，提高学生的学习效果和

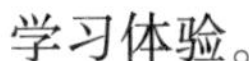

学习体验。

总而言之，中国文学理论课中的慕课教学需要教师注重学生的需求和个性特点，采用多种教学策略，提高学生的学习兴趣和学习效果。

（二）中国文学理论课的翻转课堂教学

1. 翻转课堂对中国文学理论的教学价值

翻转课堂是相对于传统的课堂教学而言的，也是一种新的教学模式。在翻转课堂教学模式下，学习的主动性完全掌握在学生手中，教师只是对学生的学习进行引导和答疑。在课堂上学生主要是对问题进行探讨和分析，教师与学生是合作的关系。在课堂外，学生需要利用自己的时间完成对专业知识的学习，主要是通过老师的视频课程。在翻转课堂中，课堂气氛比较自由，学生之间可以自由讨论，也可以和老师一起探讨问题。这种教学模式充分体现学生的主体地位，体现了以学生为中心。

虽然翻转课堂以学为主导，但是教师依然有很重要的作用。教师在课堂中可以参与学生的讨论，积极地对学生进行引导，同时适时对学生进行鼓励性评价，只是教师不再是以前在课堂进行知识灌输的形象，更注重教师与学生的互动。翻转课堂的教学地点不受教室空间的限制，而是将学生的学习搬到课下时间的网络。在这个过程中，教师起到一种隐形的推动作用。翻转课堂是信息技术发展到一定阶段的产物，需要现代信息技术对其进行支持。因此，翻转课堂的发展需要与信息技术进行充分结合。在现代化教学中，教学正逐渐由“面对面”向“网对网”转变。教师只需要将知识发布到网络，就能让学生通过网络自主学习。

通过对翻转课堂的介绍可以看出，翻转课堂是一种很好的教学改革方向，对文学理论教学改革有很重要的指导意义。文学理论教学的翻转课堂改革，首先，可以让课堂气氛变得活跃。在课堂上，教师成为学生的引导者、话题的参与者，不再需要对抽象的理论知识进行讲解，而是让学生自主探讨，充分发挥学生的主观能动性；其次，充分尊重学生的学习个性，让学生自主学习，自主发展，改变原本文学理论课堂枯燥单调的刻板印象；最后，翻转课堂使师生之间的沟通更加紧密，在对文学作品进行鉴赏的时候，学生能够畅所欲言，激活学生的想象力。学生与教师的关系不再像原来那样有距离感，更像是互相进步的朋友。

2. 中国文学理论翻转课堂教学改革路径

（1）教学设计。教学设计是教学中比较重要的阶段，是整个教学的纲领。文学理论教学的翻转课堂设计，可以将教学分为三个阶段，分别是课前、课中和课后三个阶段。

第一，课前阶段。课前阶段主要是为课中阶段服务，这一阶段，教师可以布置课中教学阶段所用的必读作品，同时布置的必读作品需要能够在其他课程中也用得到。翻转课堂也可以使用慕课、微课等现代信息化教学手段。通过这些教学手段，教师可以节选一些必读作品进行视听加工，增加学生的学习兴趣，同时，还可以进行课前阅读答疑，加强与学生的沟通，将课前预习的效果发挥到最好。通过课前导学，学生对课中的内容就会有整体的把握，为课中的讨论分析奠定良好的知识基础。另外，通过使用现代化教学手段，教师也能够清楚学生预习的情况。

第二，课中阶段。文学理论翻转课堂的课中阶段主要是学生之间的专业讨论，学生掌握着课中的主动权。在讨论之前，教师可以将学生以小组的形式分开。文学理论方面的讨论可以是自身所学的理论知识，可以是预先所读的文学作品，也可以是当下学术界的热点，还可以是最新的学术研究结果，等等。同时，为了增加课中的实践效果，教师可以引导学生对当下比较热点的文艺或者文学作品进行实践性研究，最后可以通过讲座、讨论或者论文等不同的形式对研究结果进行展示。在课中阶段，教师也要全程参与，及时引导，同时要保证学生的主体性，对于比较有见解的讨论要及时给予正确、肯定的评价，鼓励学生发散思维。教师要在课中阶段营造完全开放自由的讨论环境，让学生敢想、敢说。翻转课堂注重学生的参与性，教师要合理地分配讨论时间，让学生能够自由发挥创造力，实现师生角色的转变。课中阶段注重师生之间、同学之间的相互交流，在交流中促进学生思维能力的提升，达到巩固所学知识的目的。

第三，课后阶段。翻转课堂的教学模式为教师的教学和学生的学习都带来了很多的便利条件。教学设计的课后阶段并不是主要对学生进行考核，而是要总结课前、课中的经验与不足，进行教学反思。同时，在课后阶段，教师要总结课前和课中的知识点，通过教学平台随时与学生进行互动，为学生提供丰富多样的课后知识延伸活动，促进学生对教学知识的升华。教师也可以在课后通过教学平台让学生对课前课中进行客观评价，有利于提升自己的教学水平，增加教学经验。课后阶段的主要目的是让学生巩固基础知识，加深对所学知识的思考，提升学生的文学鉴赏水平，促进学生人文素养的提高，增加学生的学习兴趣。

（2）教学内容。教学内容的改革要本着生活化、多元化、民族化、时代化和系统化的原则。进入大学校园的学生需要为步入社会做好充足的准备。学生有自己的校园生活，也有社会生活。生活化原则就是要从学生这个特殊的社会群体的生活出发寻找教学资源。无论是理论案例还是实践探索，都要以学生的生活为主体，反映学生的生活。当然，也可以让学生自己从生活中寻找理论和实践的资源。例如，在对“文学创造作为特殊的精神生产”进行讨论时，教师可以结合学生比较喜欢的网络文学及其商业化，更容易贴近学生的生活。

多元化原则是教师在教学中不应局限于传统观念上的优秀文学作品，要结合传播广泛且具有影响力的当代优秀作品。例如，改编为热播影视作品的当代文学作品。这样能够引起学生的共鸣，激发学生的学习动力，培养学生的阅读兴趣。但是，由于影视作品的创作目的不同，有的偏向娱乐化，这就需要教师在选择的时候要有甄别，要选择符合时代价值观的作品。民族化原则就是教学内容要选择符合民族文化的作品。中华民族创造了灿烂的文明，形成了独特的民族文化。中华民族的优秀传统文化是学生文化自信的源泉，是教师教学的资源宝库。教师应当重视对我国优秀传统文化的传承，选择具有中华民族风格的作品。同时，我国是一个多民族国家，不同的民族也有其自己的民族文化，教学内容的选择还应当注重民族的多样性。

例如，在文学理论课程的教学中，教师可以选择不同民族的优秀文学作品，对作品进行比较分析，让学生领略民族文学风格的差异。时代化原则指的是教师的教学内容应当符合当今时代发展的主体，符合社会主义核心价值观。教师应当选择能够体现当代中国精神的文学作品，实现教学内容与时代的同步。当代中国处在百年未有之大变局之中，各方面的发展都取得了长足的进步，物质条件得到很大的提升。在物质生活丰富的时代，学生很容易出现思想偏差。教师选择富有中国精神的作品，能够正确地引领学生的价值观，培养学生的爱国情怀。系统化原则主要体现在两个方面：一是整个教学内容要成体系，不应是分散、无序的；二是学科教学内容要与学生的专业紧密结合，融入学生整个专业课程体系之中。这就要求教师在组织教学内容时要综合考虑，选择的文学作品要与教学大纲充分地契合，还要结合学生其他课程的开课时间，合理地制订教学计划。教师应当注重与其他学科教学内容的交叉，加强与其他学科老师的沟通，使本学科知识能够在其他学科课上有效运用。

（3）教学考核。文学理论的教学注重培养学生发散思维、学习能力和文学鉴赏水平，需要充分调动学生的积极性。每个学生都是独立的个体，具有自己的思想，对文学作品有自己的感悟。文学理论教学就是要将学生的个体创造力发挥出来，体现学生的创作个性，让学生得到文学素养的全面发展。但是，传统的文学理论考核以统一考试为主，这样会造成学生为考试而学习。文学理论主要是提升学生的能力，不是为了让学生在试卷上答出标准答案，但是，目前的统一考试试卷在题型设置上不能充分体现这一点。试卷在题型比例上设置不合理，难以充分展现学生的个体思维。这就难以提高学生学习的积极性，使学生的思想得到束缚。传统的考核方式难以展现学生的创新思维，无法体现学生的能力。

因此，文学理论课程的考核需要重新考虑，适当进行改变。文学理论课程的考核应当注重体现学生的能力，可以选择不同的模块来体现学生的综合素质，综合考虑学生的理论知识水平、自主创新能力、自主研究能力、综合鉴赏能力和文字表达能力等。具体的考核过程应当注重学生的参与度，调动学生参与的积极性。在考核题目的设置上应当给予学生更多的选择，设置一些学生比较感兴趣的话题或者是学术界讨论的热点。在题目的选择上，学生可以自主选择喜欢的题目，不受统一题目的限制。另外，题目也不需要设置标准答案，教师要着重考核学生在完成题目过程中对理论的实际应用，以能力水平作为评价标准。

文学理论的教学考核改革能够改变以往传统考试的枯燥形式，发挥学生的主观能动性，促进学生的个性发展。同时，教学考核应当重视考查学生平时的学习表现。考核不是教学的最终目的，而是为教学服务的，是为提升学生的综合能力服务的。文学理论考核中对学生平时表现的考查应当着重考查学生学习的参与度、学习的积极性和能力提升的情况。能力提升的标准应当从学生的鉴赏水平中体现。

总之，翻转课堂是文学理论教学实践的创新，是教学改革的一个重要方向，对于提升文学理论的学科教学水平有很重要的意义。翻转课堂可以让文学理论单调的理论教学变得生动活泼，增加教学的趣味性，同时还能提高总体的教学效果。学生通过翻转课堂，由知识的被传授者成为学习的主动参与者，而且能够提升自己的思维能力、创新能力和文学批评能力。

（三）中国文学理论课的混合式教学

1. 中国文学理论课中混合式教学的必要性分析

文学理论是一门相对比较单调的课程，但同时也是一门基础课程，可以培养学生的理论思维能力。由于文学理论课程中的理论知识比较抽象、晦涩难懂，导致传统教学对学生的吸引力不够，学生的学习兴趣比较低，主要原因有以下方面。

（1）教材内容相对老化，无法与时代的发展相适应。当前，很多学校使用的教材依然是多年前编写的，脱离了当前的时代背景，理论陈述比较古板，不利于学生的阅读，很难与互联网时代的文学实践接轨。当前时代是互联网的时代。“互联网+”丰富了学生的互联网生活，各种文学现象在互联网上广泛传播，层出叠见。

互联网上的文学现象丰富多样，其深度和广度已经超越了传统教材的解释范畴，导致学生对教材的信任度逐渐降低。传统的文学理论教材很少涉及网络文学，对网络文学的接

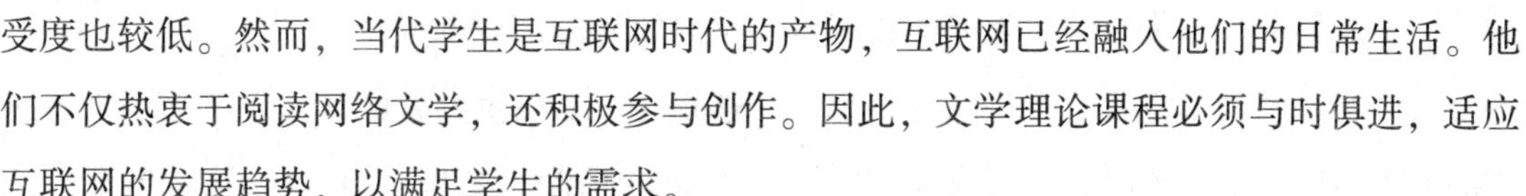

受度也较低。然而，当代学生是互联网时代的产物，互联网已经融入他们的日常生活。他们不仅热衷于阅读网络文学，还积极参与创作。因此，文学理论课程必须与时俱进，适应互联网的发展趋势，以满足学生的需求。

（2）视觉文化的发展要求文学理论教学必须与时代相适应。文学理论是对文学及文学活动规律的深度研究，它旨在从理论层面揭示文学的本质、特点、构成、功能、价值，以及文学创作、接受和发展的内在规律。因此，深入学习文学理论需要学生具备丰富的经典文学作品阅读经验。只有这样，学生才能更好地理解文学理论中的抽象概念。然而，随着社会的快速发展，人们对精神生活的需求不断提升，影视作品作为一种直观的视觉与精神享受形式，更易为大众所接受，从而迅速发展成为一种主流的视觉文化。如今，视觉文化已深入人们的生活，并深刻影响着学生的阅读习惯。多数学生倾向于选择视觉体验而非深度阅读，导致其阅读习惯浮于表面，这无疑增加了他们理解文学理论的难度。这种阅读习惯的转变导致学生的文学积淀不足，进而影响其文学鉴赏能力的提升，对学科知识的学习也形成了一定的障碍。因此，我们应重视视觉文化对学生阅读习惯的影响，积极引导学生回归深度阅读，培养其良好的阅读习惯和文学鉴赏能力。

（3）网络时代信息传递方式的改变要求文学理论教学必须做出改变。当代学生的成长也伴随着我国互联网的发展，与互联网有着天然的亲密性。对于新生代的学生而言，互联网不但是一种信息传递的媒介，而且是他们认识世界的工具，极大地改变了他们的认知过程。在互联网时代，学生更愿意通过互联网汲取知识，更愿意选择平面化、视觉化的学习方式。虽然通过互联网获取的知识大多是碎片化的，但是这种获取知识的方式更容易让学生接受。因此，传统的文学理论教学必须改变信息传递的方式，使生涩的理论变得更加鲜活，这就需要科学地利用互联网资源来弥补教育资料的不足，同时需要结合学生的特点进行教学，做到以学生为中心。

2. 中国文学理论课的混合式教学模式建构策略

传统的文学理论教学方法倾向于以教师为中心进行理论传授，主要依赖于课堂教学。“互联网+”时代的来临为教学带来了变革，打破了课堂的局限性，为学生提供了更灵活自主的学习方式，进而转变了以教师为中心的教学理念。混合式教学模式注重学生的主体性，通过线上线下的有机结合，有效促进学生对知识的精准掌握。然而，这种教学模式也对教师提出了更高的要求，要求教师密切关注学生的需求，实现个性化的教学对接。

（1）建立学生与教学内容之间的交互关系。混合式教学模式的构建，先要考虑的就是如何激发学生的学习兴趣，这就要求教师要做好教学内容线上线下的无缝衔接，并且能够与教学大纲相适应。同时，教师要将教学内容微课化，并且精细到每个章节，这样使学生的学习更有目的性，提高学习效率，提高自主学习的能力，具体有以下方面：

第一，教师可以将教学重难点制作成微课视频，并上传至教学平台，同时配以文字解释的 PPT，以便学生随时随地通过互联网进行学习，加深对重难点的理解。这样做有利于提高学生的自主学习能力，使学习更具灵活性和便捷性。

第二，及时在教学平台发布最新的学术讨论话题，并且将相关资料整理出来使之与教学章节相对应。针对学术话题，组织学生小组对学术话题进行合作研究，可以作为课后拓展，也可以作为课堂讨论。

第三，通过教学平台发布课程相关练习，利用互联网平台深化学生对所学知识的运用。

（2）建立学生与教师之间的交互关系。混合式教育模式能够拉近学生与教师之间的距离，有利于教师与学生之间的教学互动，同时方便教师对学生学习情况的监控。教师通过教学平台及时掌握学生的学习情况，可以针对不同状况的学生开展针对性的教学辅导，提升学生的学习效果，同时保证整体教学过程的顺利实施，提高了教学效率，具体可以通过以下方面实施：

第一，在教学活动开展之前，教师应在教学管理平台上公开发布相关的教学资料，包括但不限于教学大纲、课程安排、教学目标、课程结构以及考核方式等，以便学生全面了解教学计划，从而进行有针对性的学习。同时，教师还应在教学活动开始前，发布预习指导，引导学生对即将学习的内容进行预先思考，以便他们能够更快地融入课堂，增强自主学习能力。一旦教学完成，教师则可以通过该平台动态监控学生的学习状况，以便及时掌握学生的学习进度，并在发现任何问题时迅速采取纠正措施。

第二，文学理论课注重培养学生的研究思维，需要进行对各种问题讨论的练习。在教学之前，教师可以提前搜集与教学内容相关的热点话题，并且将资料提前发布到教学平台，提前组织课程小组讨论。讨论结果可以直接发布到教学平台，也可以在课堂上陈述，由教师进行总结。教学结束之后，教师还可以在教学平台重新发布讨论话题来巩固教学知识。

第三，课堂教学中的答疑环节是至关重要的，但由于时间限制，我们需要更好地利用教学平台的功能。作为学生与教师之间的沟通桥梁，教学平台能够使学生在遇到问题时及时向教师反馈。教师收到问题后，对于个别问题可以在线上进行解答，而对于普遍存在的问题，则可以在课堂上进行深入讲解。这样的方式既能够节省时间，又能提高学习氛围的活跃度。

（3）建立学生与学生之间的交互关系。刚刚进入大学的学生，大部分是远离自己原来的生活环境，面对新的面孔，需要重新适应新的学习生活。在这种情况下，学生很容易出现消极心理，希望与人沟通，而文学理论课面对的大部分都是大一学生，这就需要发挥教学平台的交流作用。教师可以鼓励学生在教学平台进行学习交流、增进感情，激发学生的参与热情。

第二节　中国历代文学理论的话语体系构建

一、中国历代文学理论话语体系构建的研究缘由

文学理论的话语体系作为学科思想的灵魂，是整个理论学术体系的核心特点，承载着学科的精神风貌，对学科发展具有深远的影响。文学理论话语体系与学术体系相互依存，既独立又统一。学术体系代表了学科的总体研究水平，展现了学科研究的深度，而话语体系则是学术体系概念表述的载体。因此，对文学理论话语体系的构建研究应与学术体系紧密结合。唯有如此，我们才能对文学理论话语体系有更深入、更全面的理解。经过多年的发展，文学理论的学科、学术和话语体系已经形成多元化的形态。然而，在实践应用中，我们仍能发现各体系存在的一些问题。为解决这些问题，研究者们需要持续探索和改进，主要原因是三个体系的建设水平有待提升，学术创新性有待加强。因此，我们需要进一步提高学科、学术和话语体系的建设水平。

一门学科的学术体系是学科的理论逻辑和理论知识，而学科中的概念和术语则是学科的话语体系。概念是思维的细胞，是理性认识的基本形式。概念以语词的形式反映事物的特有属性，表达思想的内容。一个学科的一系列基本概念，把语言和思想连接起来，陈述本学科基本的理论内容，构成了表达学科学术体系的话语体系。因此，对于学科话语体系的建设是非常有必要的。任何一门科学提出的每一种新见解都包含这门科学的术语的革命，文学理论学科同样如此。

文学理论学科并不是一成不变的，也是在时代的发展中不断变化和创新的。文学理论学科的发展会逐渐产生一些学术方面新的见解、新的观点，这些新的观点和见解必然需要新的概念来表达、呈现。文学理论的话语体系与时代的发展有很大的关系。不同时代的文学类理论话语体系有很大的差别，这主要是因为话语提示是为当时的时代服务的，反映的是当时的文学理论学科所面临的问题。当新的时代来临旧的时代退去之时，文学理论的话语体系就需要代表新的时代，解决新的时代文学问题，为新的时代文学理论学术体系服

务，显示新的时代的文学理论特征。

文学理论学术体系需要话语体系来表达，然而两者的形成并非必然同步。在多数情况下，我们可能会采用旧的话语体系来表述新的学术概念，因为话语体系的形成需要经过时间的沉淀和积累。总体而言，话语体系的形成时间往往晚于学术体系。文学理论的话语体系是在文学实践的推动下逐渐形成的，因此，文学实践是话语体系的基础。

二、中国历代文学理论话语体系构建的现实意义

第一，文学理论有利于对文学世界的理性和规律性的认识。文学理论话语体系的构建应当是科学的，需要有足够多的实践基础的，并不是个人的主观判断。任何武断的做法都会造成文学理论话语体系的构建与正确道路的偏离。文学理论作为一门课程，也是科学，我们要理解文学理论话语体系构建中的这个特点。

第二，文学理论话语体系的构建和表达是变动的。在新旧时代交替的过程中，话语表达必然会发生相应的变化。当旧的话语体系无法满足新时代的发展需求时，话语就需要发挥其变异的能力，重新构建自己的体系，以应对外部世界的不断变化。通过这种方式，话语能够更好地适应时代发展的需要。从这一角度来看，文学理论可以建立起自己关于话语表达的学科分支，以更深入地研究话语在文学创作中的运用和演变。

第三，文学理论话语体系具有历史性、时代性、民族性。中国精神是中国近千年优秀文化的积淀，有其自身的特色。中国文学发展史与中国历史一脉相承，因此，我国文学理论话语体系需要具有中国特色，不能完全使用“国外口音”。但是，面对时代的发展，也不能完全套用古代文论话语。我国文学理论话语体系的构建，还应当紧跟时代的步伐，创造出属于自己的体系。

三、中国历代文学理论话语体系构建的主要原则

文学理论话语体系的研究有很多方面，例如文学与非文学理论话语体系的区别以及文学理论话语体系的表达、作用、应用等。相对而言，文学理论话语体系的构建原则更值得关注，对其进行研究也是我国文学理论话语体系构建迫切需要解决的问题。

在构建文学理论话语体系时，创新性是不可或缺的核心特质。创新并非一己之力所能达成，它需要汇聚各领域的知识与学界的通力合作。在构建具有创新性的文学理论话语体系时，我们既要深深植根于我国优秀的传统文学理论，同时也要积极借鉴国外先进的文学理论经验，确保其与当下文学创作的发展潮流相契合。此外，为构建出真正符合我国文学发展特色的文学理论话语体系，我们还应具备对概念进行提炼与总结的能力。唯如此，我

们所构建的新的文学理论话语体系，才能真实反映时代的进步，并展现出我国文学理论的民族特色。

社会需要创新才能进步，创新是任何领域都需要的精神，也是时代的主题。文学理论话语体系方面的创新要坚持批判性，这是文学理论话语体系创新的关键，也是创新的必然要求。当前，我国文学理论话语体系方面存在各种各样的观点，研究呈现多元化发展。构建的观念和方法鱼龙混杂，互相碰撞。在这种情况下，文学理论话语体系的构建更需要保持批判性，这是文学理论话语体系的灵魂和使命。没有批判性的文学理论话语体系只是一纸空谈，无法真正表达出文学理论的学术内涵。

创新是一个积累的过程，需要由量变引起质变，文学理论话语体系的创新要经过文学实践的积累，同时也要对先前的经验进行总结。文学理论的发展有其自身的历史，凝结着无数先人的智慧。文学理论话语体系构建的创新并不是抛弃，而是要继承之前的话语体系，在其基础上根据文学实践进行再创造。因此，要构建出具有创新性的文学理论话语体系，就需要具有历史眼光，从历史的角度分析、总结、创新。培养历史自觉对文学理论话语体系创新具有十分重要的意义。

四、中国历代文学理论话语体系构建的创新策略

在继承与创新之间，存在一种辩证的关系。我们需要在继承的基础上进行创新，同时也要在创新的过程中不断继承。然而，当前我国文学理论话语体系中，本土概念较为稀缺。话语体系作为语言的艺术表现，其变革与创新值得我们深入关注。文学理论范式的变革，其核心便在于文学理论话语体系的变革。话语体系具有活力，能够进行引申、变异和转移等。由于缺乏本土话语，从国外引入的文学理论话语体系在我国的发展过程中出现了偏差。许多学术概念、方法等变得模糊、误解甚至错误。因此，文学理论话语体系的创新应致力于实现话语的本土化，使文学理论的概念、范畴等表达得更为精确、明了。同时，话语体系的创新应具备逻辑性，能够自成一体，摆脱当前话语体系繁杂的局面。

对于文学理论话语体系的构建而言，我国的研究也取得了一些具有进步意义的成就。但是，当今时代发展迅速，新的文学实践活动层出叠现，世界各国都在努力进行话语体系的创新，在话语体系创新方面，我国文学理论研究者的创新能力还需要提高。

从理论上而言，文学理论话语体系的创新是可以实现中西方体系融合的。创新是量的积累，创新的过程就是不断地发现、研究、解决问题的过程。文学理论话语体系的创新，要求研究者要有问题意识，在问题意识的基础上，立足实际，发展创新。当前问题意识是我国文学理论话语体系创新中比较缺少的意识，这是我国文学理论研究者主要着重培养的

地方，也是解决话语创新面临的主要问题。

文学理论话语体系的创新与统一存在很多困难，不是短时间内就能够解决的。当前的社会环境中，语境是多元的，思想是多元的，文化也是多元的，这些都是话语体系构建需要考虑的问题。互联网的快速发展，使人们获取信息的途径和速度发生了天翻地覆的变化。各种思潮通过互联网渗入人们的思想，改变着人们的观念，影响着人们的话语环境。很多研究在文学理论话语体系构建方面出现了盲目跟风的现象，并没有进行自主创新。这种现象的出现不是话语体系构建的正道，无法带领话语体系构建走出真正的困境。

第三节　中国传统文化教学及其模式与设计

一、中国传统文化与汉语言文学教学的关系

“互联网时代中国传统文化教学模式的创新和发展不仅是时代发展的要求，还是高等教育发展的需要。”① 中华民族有着悠久的历史，中华文化更是博大精深、源远流长，在悠久的历史长河中，中华传统文化所蕴含的精神文化理念以及由此产生的内容，成为世界文化不可或缺的一部分。时代的发展，对学科教学提出了新的要求，传统文化要在时代中发展，就必须赋予其时代内涵。语言，是联系传统文化的中介，而汉语和文学，则是中国传统文化的内核，因此，在学习传统文化的过程中，语言教学就变得尤为重要。从另一方面来看，重视语言教学，也能帮助学生提升文化素养，提高学生文化综合能力。

以汉语和文学为基础构成的汉语言文学教育，对语言教育有着深层次的影响，因此要尤其重视学生在语言文学方面的深造，这也对语言教育提出了新的要求。“汉语言文学教学工作的开展，要以弘扬中华传统文化为己任，结合当前实际发展趋势，不断为传统文化注入新鲜血液。”②

对于汉语文学专业的学生，应不断巩固相关知识和技能，以更好地传承和发扬语言文化。随着科技的进步，我们应善于利用先进技术手段为传统文化注入新的活力。科技与文化的结合，不仅是一种创新的文化传播方式，更能有效扩大传统文化的传播范围和影响力。在新的文化发展格局中，我们要继续发挥中华优秀传统文化的影响力，同时注重在传

---

① 冯洁. 基于互联网媒介的中国传统文化教学模式设计［J］. 文教资料，2019（9）：197.

② 王娜. 高校汉语言文学教学弘扬中华传统文化之我见［J］. 福建茶叶，2020，42（3）：425.

承中求发展，保持本国特色的传统文化内涵，实现传统文化的可持续发展。

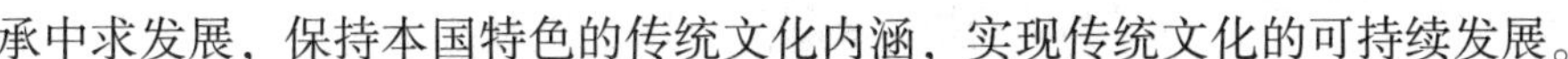

（一）中国传统文化与汉语言文学教学间的关联

1. 中国传统文化与文字学

文字与语言的关系密切，语言需要借助文字进行表达，而文字则是语言的生动体现。中国文字的形成历史悠久，从早期的象形文字到如今的标准汉字，其发展历程蕴含着丰富的文化内涵。以常见的“山川河流”为例，早期人类根据事物的外在形貌创造出了象形文字。随着历史文明的演进，象形文字逐渐演变成了如今的标准汉字。文字的演变历程反映了不同社会背景下的时代风貌。例如，“江山社稷”中的“稷”字，其背后所蕴含的文化意蕴与古代农业社会息息相关，展现了人们对风调雨顺的祈愿。因此，文字不仅仅是简单的笔画组合，更承载着丰富的文化意蕴。通过研究文字学，我们能够深入了解博大精深的中国传统文化。

2. 中国传统文化与古典文献学

中国古典文献是记录反映中华文化的重要资料，而中国古典文献学，可以为整理和研究中国传统文化提供支持。在历史文明演进过程中，学术著作辅以研究中华文化，为研究中华文化建立线索支撑，而由一系列学术著作组成的古典文献，为检索考证中华文化形成及发展做出参考依据。因此，在汉语言文学中，古典文献学可以为学生重新梳理中华文化的脉络进程，以此为基础，传承好、发展好中国传统文化。

3. 中国传统文化与书法

书法历史由来已久，书法字体的变迁，反映出中国传统文化的艺术内涵。书法一般有五种字体，根据产生时间长短可分为篆书体、隶书体、草书体、行书体和楷书体。书法是中华文化的瑰宝，书法作品极具艺术价值，通过书法作品，我们能感悟出书法作品的精神意蕴和书法作者的性格特点，例如王羲之的书法作品《兰亭集序》。书法在文字的基础上产生，中国现存的汉字记载，从甲骨文开始，到盛行于西周的金文，皆属于大篆范畴，而文字又和语言密不可分，因此，书法中也蕴含着中国传统文化的意蕴。

（二）中国传统文化在汉语言文学教学中现状分析

1. 中国传统文化在汉语言课程中的重要地位

开设汉语言课程已经成为众多学校的共识，汉语言学科历史较为悠久，多是伴随学校的成立而设立，汉语言课程体系也随着学校的发展而不断优化。中国汉语言文学专业，是具有中国特色的学科专业，开设中国汉语言文学专业，一方面是为了加深学生对汉语学科知识的理解和掌握；另一方面则是为了推动中国文化的发展。

汉语言文学专业注重培养学生的文学素养，包括对文学理论知识的掌握以及对文学理论知识的实践运用，通过课程培养，让学生能够在与专业相关的岗位上发挥作用，做出岗位贡献。从中国传统文化角度来看，众多学校开设汉语言文学专业，也为开展学术性研究探讨夯实了基础，因为不管是汉语言文学理论知识还是随之而形成的研究成果，其本质都是为中国传统文化而服务的。在中国传统文化中，不乏优秀的文学思想，例如，春秋战国时期形成的诸子百家思想等，这些文学思想也能为后续的学术性研究探讨活动提供源泉支撑，因此，通过汉语言文学专业的理论培养，加深学生对中国传统文化的认知，可以更好地推动中国传统文化的传承与发展。

众多开设汉语言文学专业的学校已经认识到中国文化在课程中的重要性，在教学课程内容中，教师会主动将中国传统文化所蕴含的独特的人文理念及价值观念讲授给学生，作为汉语言文学专业的学生，理应掌握并自觉践行其中的理论知识、价值观念，自觉服务于中国文化，为推动中国文化传承与发展做出应有贡献。由此可见，学校中开设的汉语言课程对实现中国文化的传播具有不同寻常的意义。

2. 中国传统文化在汉语言课程中的内容定位

随着课程体系的不断优化与完善，中国众多学校越发注重汉语言课程建设。汉语言课程是文学课程的一大亮点，汉语言课程体系的健全与否，影响着学校的办学质量。教师要认识到汉语言课程的重要性，不断优化汉语言课程教学体系，以培养学生汉语言文学素养为目标，为学生提供实践场所，以此提高学生汉语言专业素养和综合运用能力。汉语言课程为研究中国文化提供了学科指导，要结合已有的理论性研究成果，在实践中运用课程理论知识，多角度研究中国传统文化历史。因此，学校要及时优化汉语言课程体系，改善提升汉语言课程教学内容，为传承和发展中国文化夯实基础。

3. 汉语言文学专业中传统文化课程的教材选择

中国文化历史悠久，中国文化著作种类繁多，在中华传统文化演进过程中，一些优秀理论书籍成为研究中华文化的重要参考依据，这些优秀的理论书籍著作，同样也成为汉语言文学专业的学习资料。汉语言文学专业的学生，对中国传统文化的学习，离不开相应的书籍资料支持，因此，在进行课程教学时，教材选择就成为关键。教材是教学开展必不可少的理论工具，教材的选择，要和学生的专业知识水平相符，同时，要结合汉语言文学专业，拓宽学生的学习维度，不局限于教材资料，为学生补充更多专业知识。

汉语言文学专业使用的教材并没有统一标准，教材名称也各不相同，最常见的有中国传统文化史等，汉语言文学专业所选用的教材其实可以从两方面进行探讨：一是教材注重培养学生的理论素养，即以传授学生专业知识为教学方向，先是对中国传统文化知识脉络进行梳理，然后将中国传统文化划分为不同的发展阶段，以此开展阶段性教学，最后根据中国传统文化阶段性发展特征，向学生讲授各个阶段的传统文化知识，包括书画、建筑、思想、诗词文化等内容，其中，多数院校会选用吕思勉的《中国文化史》；二是教材注重培养学生的实践素养，即以系统整合中国传统文化发展为教学方向，通过整理中国传统文化的起源和发展，从先秦礼制文化到宋明理学，整体呈现出系统性，其中还包括对影响中国传统文化发展因素进行分析的内容，从政治经济等因素进行分析探讨，以此培养学生的实践运用能力，多数院校会选用李山的《中国文化史》等。

随着教育的不断进步，汉语言文学专业在教材选用方面更加注重培养学生的综合能力。该专业不仅注重系统学习掌握理论知识，更强调运用理论知识对中国传统文化进行深入分析探讨。因此，对于专业教学而言，培养学生的综合能力是首要任务。课程是基础，但更重要的是理论的综合运用。在选择汉语言文学专业中国文化课程的教材时，应把提高学生的综合能力作为主要依据。这样不仅能推动中国传统文化相关研究的发展进步，更能为学生未来的学术研究和工作奠定坚实基础。

（三）汉语言文学教学中弘扬中国传统文化的策略

1. 提升对中国传统文化的相关认识

部分院校缺乏对中国传统文化教育的系统性理解，从这一角度分析，部分院校应该在理论与实践运用方面进行系统性安排，加深对中国传统文化的认识，提高学生汉语言文学素养和综合水平，推动中国传统文化创新性发展。因此，学校可以从两方面进行研究，总结出培养中国传统文化教学的方向：一方面要利用好国家政策，多种形式开展汉语言文学教学，增设汉语言文学相关选修课程，培育学生的主体性认知，鼓励和引导学生学习汉语言文学选修课程，以此为基础，提高学生对中国传统文化的认识；另一方面要主动寻求汉语言文学教学变革，积极探索适合学生学习的汉语言文学教学理念，研究适合学生发展的多元教学策略，从方式方法上优化汉语言文学教学体系，为加深学生对中国传统文化的理解夯实基础。

2. 保证汉语言文学教学的时间充足

汉语言文学要求学生注重课内外知识的积累，因此，教师要做好汉语言文学课堂教学的安排。多数汉语言课堂教学时间与教学内容不匹配，汉语言文学内容的丰富性，给教师教学时间的安排带来了挑战，也对管理人员提出了新的要求。汉语言文学专业形成时间早，而且随着社会的发展，该专业越来越受到更多人的重视，在固有的教学时间里，部分教师只讲授汉语言文学重点内容，而对于其中不太重要的部分，或一带而过，或直接忽略，这也较为直接地影响了学生对汉语言文学知识的积累和掌握。因此，为了更好地促进学生掌握和深入理解中国传统文化，教师和管理人员理应为汉语言文学教学留出充足的时间。

3. 创新中华传统文化的教学方法

汉语言文学教学强调学生对知识的积累和综合运用，因此，这就对教学方法提出了相应要求。创新教学方法，有助于加深学生对中国传统文化知识的理解，为此，学校要积极探索适合汉语言文学专业课程教学的方法，适应新时代学生学习特点，推进中华传统文化的传承与发展。同时，教师要积极改变固有教学方式方法，优化课堂教学体系，主动借鉴其他教师先进的教学理念和方法，培育学生对汉语言文学知识的求知欲，以此增进汉语言文学专业学生的学习主动性和积极性。

（1）以主干课程为切入点。汉语言文学专业教师要确立教学主要方向和主要任务，选用适合学生学习和符合汉语言文学发展方向的教材。认真梳理总结课程教学绪论导读部分，让学生对学习汉语言文学专业有整体认知，同时，要着重强调中国传统文化在本专业中的重要性，引导学生提高对学习中国传统文化知识的重视，将课程主干整体呈现给学生，帮助学生在脑海中树立思维导图。

（2）以慕课为切入点。网络教学资源是辅助教学开展的平台，汉语言文学教育要重视包括慕课在内的学习资源，帮助汉语言文学学生拓展学习范围，同时借助慕课等教学资源，开展课外校外教育，积极做好弘扬中国传统文化的任务。

（3）以论文为切入点。开展学术性研究分享会，重视论文等学术性论著，通过学术论文检查汉语言文学学术学习成果。教师可以要求学生把中国传统文化作为学术论文的融入点，同时，多加指导学生学术论文创作，以加深学生对中国传统文化的理解，提高学术性论文的参考及研究价值。

4. 完善中国传统文化的教学体系

针对汉语言文学教学，部分学校要主动求“新”，在原有教学基础上，实现对中华传统文化的教学创新，具体来讲，可以从以下方面进行改进：

（1）注重培养教师弘扬中华文化的使命感。求“新”是教师教学任务的更新。学校是传播中华文化思想的主阵地，而教师则是弘扬中华文化思想的领路人，因此，汉语言文学专业教师要及时更新教学任务，以教授汉语言文学知识和传播汉语言文化思想为教学方向，以提高学生汉语言文化综合能力为教学目标，提高自身教学水平。教师及时更新教学任务，是适应当下汉语言文学教学要求的体现。随着国家愈加注重弘扬中华传统文化和提升文化自信，汉语言文学教师理应将此作为教学任务，传播中华传统文化，增进学生对中华传统文化的思想认知，帮助学生确立弘扬中华传统文化的思想价值体系。最后能够让学生树立对中华传统文化的情感价值观，以此实现中华传统文化的传承与发展。

（2）系统地培训汉语言文学教师。汉语言文学教师的教学质量是教学的关键性因素，因此，要注重对汉语言文学教师教学质量的培训。教授汉语言文学要求教师要有较高的文学素养，而教师文学素养的提升，除了自身不断学习扩充中国传统文化知识外，还需要学校积极参与其中，开展多种形式的汉语言文学教学交流会，定期举办汉语言文学成果研讨会，及时为教师补充新的汉语言教学理念和教学知识，帮助汉语言文学教师系统提升教学质量。

（3）提高教师使用现代信息技术和网络资源的能力。学校有较为便利的教学资源，在教学资源的支持下，教师应该积极利用好电子图书馆、多媒体等网络教学资源，借助现代信息教学技术，扩充自身汉语言文化知识，提高自身汉语言文学素养。汉语言文学教师还应适当借助现代网络资源，为学生讲授教材之外的中国传统文化知识，为学生展示相应的中国传统文化理论性研究成果，促进学生文学素养的提升。

5. 利用社会资源开展传统文化教学

社会资源是学校开展汉语言教学的有力依托，社会资源具有现实的指导意义，这对于汉语言文学专业的学生而言，是将理论应用到实际的有益探索，社会资源中包含着丰富的中国传统文化遗产，蕴含着可具参考性的中国传统文化思想，因此，社会资源就成为汉语言文学专业学生巩固运用学习成果的有益资源。对于汉语言文学教师而言，要适时寻找有益于学生实践的社会资源，指导学生转化学习成果，将所学的理论知识，尝试运用到中国传统文化中去。

6. 通过学校社团宣传传统文化教学

学校社团是学生分享交流学习成果的组织，要鼓励汉语言文学专业学生参与到中国传统文化社团建设中来，支持学生开展多种形式的中国传统文化社团组织活动。教师可以在学生创建社团中提出指导性意见，帮助学生做好社团创建工作，同时学生也要做好社团组织活动，例如，举办中国传统文化书籍推介会、中国传统文化图书朗诵会等，通过社团活动弘扬中国传统文化，吸引更多本专业和非本专业的学生加入进来，增加中国传统文化的校园影响力。

7. 在就业指导上开展传统文化教学

汉语言文学学生毕业后多就职于机关、企事业单位，岗位多和编辑、文秘及行政有关，这对学生的专业文学素养提出了较高要求。因此，学校在就业指导方面要积极融入学科思想，培育学生中国优秀传统文化思想价值观，以较高的学科素养步入工作职场。在就业指导方面，学校还应该结合职业具体情况，让学生认识到掌握和运用中国传统文化知识的重要性，如最常见的编辑职位，学校可以从中国传统文化知识积累的角度入手，指出编辑工作对于文学素养的要求，无论是稿件选题方向还是内容，都应该体现出思维深度，保证稿件质量，以此提高学生对中国传统文化的重视。

中国传统文化具有独特的价值意义，做好汉语言文学教育工作和培养汉语言文学专业人才密不可分，因此，无论是学校管理人员还是教师，或是专业领域的研究者，都应积极为传承发展好中国传统文化建言献策，做出个人贡献。学校要积极完善汉语言文学教育体系，教师要主动改进汉语言文学教学策略，多措并举提升汉语言文学专业水平。

二、中国传统文化教学的多元模式构建

（一）中国传统文化教学中的多模态教学模式

在教授中国传统文化课程时，教师须充分考虑学生对文化认知的阶段性水平差异，有计划地培养他们的学习兴趣。因此，建议采用多模态教学模式。随着信息技术的进步，教学手段也须与时俱进。多模态教学模式正是利用信息技术手段，以增强学生的学习兴趣为核心。这对中国传统文化教学具有显著的推动作用。教师在教授中国传统文化课程时，应积极利用信息技术，全面优化教学环境，使教学内容更加生动、立体。这样，不仅可提高学生的学习兴趣，还有助于外国学习者更好地掌握课程内容。例如，在讲解中国传统节日时，教师可通过信息技术，采用视频、图文等多种形式呈现节日习俗的来源、主要人物及演变背景。在此过程中，教师可穿插问题，与学生进行互动交流，使教学层次更加丰富。信息技术为传统教学注入了新的活力，克服了教师单纯“教”与学生被动“学”的不足。通过信息技术手段，可以调动学生的多种感官，激发他们积极参与课堂学习，从而深化对中国文化的认知。

1. 中国传统文化教学运用多模态教学模式的意义

中国传统文化蕴含着丰富的文化思想，这对学生特别是外国学生提出了要求。教师采

用多模态教学模式可以改变传统的教学内容呈现方式，增进教师与学生之间的双向互动，从而解决中国传统文化课堂教学氛围活跃度低这一问题。

（1）多模态教学模式使教学内容多样化。信息教学，作为多模态教学的主要特征，打破了传统教学的单向性限制。通过信息技术的运用，多模态教学模式显著提升了教学的双向性和内容的层次感。在教授中国传统文化时，教师须要深入阐述其中蕴含的思想文化精髓。为提高教学效果，教师应利用包括 PPT 在内的多样化信息教学手段。例如，在 PPT 课件中，教师应整合文字、图片和视频资源，丰富教学内容。同时，教师需巧妙结合信息手段，逐步推进教学内容。在展示中国传统文化 PPT 时，教师首先梳理知识框架，并结合重点内容提出问题，引导学生思考。随后，通过播放相关视频，使学生更直观地了解中国传统文化，并引导他们在观看过程中思考先前的问题。这样，学生能更深入地理解和认知教学内容。因此，多模态教学模式在解决中国传统文化课程的教学问题上具有显著效果。

（2）多模态教学模式使互动对象多样化。现代教学更加强调多元互动，即课堂教学中要实现互动对象多方交流。中国传统文化教学注重学生对知识的掌握和对思想的理解，要实现这一教学目标，需要教师在课堂中多加与学生沟通交流。例如，在学习中国传统文化课程中，教师可以在 PPT 中设置情境交流演示，让学生与学生之间，或者是教师与学生之间，通过情境交流来增进对课程内容的学习。教师要兼顾学生主体之间的差异，在教授中国传统文化课程中，会有部分外国学生因基础较为薄弱而跟不上教学进度，针对此种问题，教师可以通过播放视频，引导学生之间进行互动交流。此外，这种多元互动能够引发外国学生对中国传统文化内容的思考，进一步提高他们对中国传统文化的兴趣，同时也能为本国学生理解中国传统文化提供新的认知视角。从这一角度来讲，多模态教学模式可以推动中国传统文化相关理论研究实现新的发展。

（3）多模态教学模式使教学手段多样化。随着技术的革新，信息教学手段也更加丰富，中国传统文化课程借助信息技术教学，将推动中国传统文化的创新性发展，因此，学校应将多模态教学模式融入实际教学内容中。信息技术的进步使得国学再一次引起大众关注，由国学衍生的综艺节目，例如《中国诗词大会》《故事里的中国》等，为教师讲授中国传统文化提供了教学素材，教师可以借此向学生讲解其中的文化知识，进而加深学生对中国传统文化的认知。教师可以通过讲授服饰、茶艺等文化，向外国学生展示中国传统文化的丰富内涵，如开展茶文化体验课，通过播放茶文化视频，让学生感受茶文化的魅力，还可以通过举办服饰联谊会，通过展示由古至今形成的中华传统服饰，让学生认识服饰文化的变迁历程。

2. 中国传统文化教学运用多模态教学模式的策略

中国传统文化教学运用多模态教学模式的策略主要包括以下方面：

（1）语言文字策略：在中国传统文化教学中，语言文字是最基本的传递信息的模态。教师需要准确、生动地讲解文化知识，引导学生理解传统文化中的思想、观念和价值。同时，教师还需要注意语言文字的表达方式，如语气、语速、词汇选择等，以适应学生的学习风格和需求。

（2）视觉模态策略：视觉模态是另一种重要的信息传递方式。教师可以利用图片、图表、视频等多种视觉手段，帮助学生更好地理解传统文化。例如，可以展示文物图片、历史场景复原图等，让学生更加直观地了解历史文化；通过播放相关的视频资料，让学生更加深入地理解传统艺术的韵味和精神内涵。

（3）声音模态策略：声音模态也是传递信息的重要方式之一。教师可以通过朗读、歌唱、音乐等方式，引导学生感受传统文化的韵律和美感。例如，可以播放古典音乐，让学生感受音乐的韵律和节奏；通过朗读诗歌、散文等文学作品，让学生领略语言的韵律美和思想内涵。

（4）互动教学策略：互动教学是多模态教学模式的重要特点之一。在中国传统文化教学中，教师可以组织学生进行小组讨论、角色扮演、互动问答等互动活动，让学生积极参与课堂，增强学生的学习体验。例如，可以让学生模拟古代礼仪，通过角色扮演的方式理解传统文化的内涵和精神。

（5）情境教学策略：情境教学是指通过创设具体的情境，让学生在情境中学习知识、体验情感。在中国传统文化教学中，教师可以利用实物、场景、道具等手段，创设出具体的文化情境，让学生身临其境地感受传统文化的魅力。例如，可以组织学生参观博物馆、古迹等文化场所，让学生在具体的文化环境中学习和体验传统文化的内涵和价值。

综上所述，多模态教学模式在中国传统文化教学中具有重要意义。教师需要灵活运用多种策略，注重学生的参与和体验，激发学生的学习兴趣和主动性，提高学生对传统文化的理解和认同感。

（二）中国传统文化教学中的混合式教学模式

新时代催生新的教育方式，主动变革教学模式，适应课程教学需求，是中国传统文化在新形势下开展教学的现实依据。中国传统文化教学中混合式教学模式需要注意以下方面。

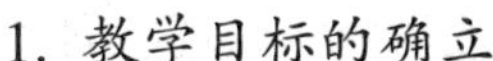

1. 教学目标的确立

教学目标是指导课程教学开展的主要方向，同时也是学生主动融入课堂学习的主要依据，教学目标清晰，能为学生学习指引方向。目标学习法即通过改进教学模式，为学生预留出充足的时间，大多数学习者都可以在学习上有所突破，取得较为不错的成绩。因此，教学目标清晰，能够帮助学生提高课堂学习注意力，明确课堂学习动机，促进学生形成自我检查、自我改正和自我提升的学习习惯。中国传统文化教学目标应建立在教师的“教”与学生的“学”基础上，同时强调做到以学生的“学”为重点，确立学生主体性，以此实现教学目标的有序推进。除此之外，教师的“教”也起着重要的引导作用，过度以学生为主体，忽略教师的教学指导作用，会对教学目标的实施结果造成不利影响。

在中国传统文化教学目标实施过程中，教师要在“教”与“学”之间做好平衡。中国传统文化课程具有自身独特的特点，该课程要求学生具备一定的文学基础素养，最终能实现“止于至善”的目标。教师在教学中要做好“教”与“学”的工作，指导学生明确学习目标，教师可提前在线上课堂中指出课堂“教”的目标，为学生学习做好铺垫。中国传统文化课程注重培养学生的文学专业素养，因此，该课程对学生的学习目标有着明确的要求，在具体教学中做到“教”只是教学的基础性工作，重要的是要督促学生树立课程学习方向，在“教”中指引学生完成“学”，按时完成学习目标。

2. 教学内容的掌握

中国传统文化教学内容以课程教学要求和学习学习情况为依据，通过教师的“教”与学生的“学”实现知识传递。教学内容不应仅仅以课程教材为主，而是要多方整合课程知识，在原有理论基础上，为学生讲授新的课程理论，以此实现教学内容的完善，学生也可以通过线上课堂获取教学内容，同时根据教学内容做出学习进度安排。传统文化课程相较于其他课程内容涵盖面广，因此不同学校会根据学生的实际情况做出针对性安排，如在讲授中国传统文化“儒道”等派别思想时，部分学校会选取经典且富有思想性的传统书籍，将其中的派别思想，以课程教学的形式讲授给学生，教师通过讲授儒家的《论语》、道家的《老子》等派别思想著作，将其中所蕴含的“仁爱”“无为”等思想确定为课程教学的重点内容。

中国传统文化著作中文言文占比较大，在实际教学中，教师可以改变传统的死记硬背式的讲授方法，通过借助网络资源，讲解论著中的深邃思想，让学生感悟中国传统文化中所蕴含的深刻哲理，同时，还可以通过互动引导，与学生彼此分享论著思想在当下的现实意义，帮助学生确立符合时代发展的优秀价值观。借助线上课堂，教师可以多在平台上发布与教学内容相关的视频或者是图文，具体可以短视频的形式将教学内容呈现给学生，这符合当下学生的学习特点，并且短视频呈现的方式，与学生“快节奏”的生活方式相匹配。教师要在短视频中提炼出与教学内容相关的核心问题，同时建议学生多查阅课外书籍，拓宽学生的思想维度，增进学生对传统文化的认知理解。通过预留学习目标，在实际教学过程中，加深学生对传统文化的理解。在传统文化课程中，依据教学目标进行课堂内容教学，最重要的是要帮助学生理解理论知识以及更深层次的思想体系，促进学生对中国传统文化知识的理解和运用。

3. 学习内涵的思虑

韩愈《劝学解》有云“行成于思”，孔子也通过论述“学”与“思”的关系指出了学思的重要性。学生处在树立正确思想价值观的关键阶段，而教师则是学生树立正确思想价值观过程中的领路人，因此，教师不仅要教会学生专业理论知识，还要以培养学生的思维认知能力为目标，加深学生对文化知识的理解。

在信息化时代，各种知识以碎片化的方式呈现在学生面前，这使得学生缺乏独立、深层次的思考，为此，教师应主动做好学生思维能力的培养工作，多角度、多层次开展学科教学，以提高学生理论知识综合运用能力为目标，贯穿从学习到实际运用全过程。学生也要从学习中形成专业学科思维，一是要理解，即学生根据教师所讲，利用网络资源或者是教学工具，能够对所学的传统文化知识有基础性理解；二是要感悟，即在理解的基础上，能够从中体会出传统文化中蕴含的哲理性思想，用以指导个人思想价值观；三是要思辨，即通过所学的传统文化知识，能够结合社会实际或者是专业领域，提出个人所思所想，提高思考广度和深度；四是要书写，即在思辨的基础上，能够用短而精的话语书写出来，提高个人专业知识运用能力；五是要致用，即不断学习新的传统文化理论研究，加深自己的传统文化素养，真正做到学以致用。

“思辨”是学生思维能力养成的关键，孔子说“思而不学则殆”（《论语》），指的就是要重视培养学生的思辨能力，而思辨能力的养成，除了学生自身要求外，还需要教师多加引导。传统文化课程对部分学生来讲，或许是枯燥乏味的，但传统文化中所蕴含的深邃思想又要求学生必须加以理解，因此，教师在具体讲授过程中就要与学生增进互动交流，引导学生去思考问题，提出不同见解。学生思辨能力的形成，有助于促进学生专业文化知识的理解与运用，也对思想价值观的树立有着积极的指导作用，所以思辨这一环节就变得尤为重要。

4. 学习知识的践行

中国传统文化及思想对现实社会具有指导作用，也影响着个人的思想价值观，因此，许多学校都会重视传统文化课程的建设。做好传统文化课程教学工作，不仅能够提高学生个人专业素养，还能帮助学生实现个人社会价值。传统文化包罗各种思想，由传统文化而衍生的传统文化课程，成为一门学科要求较高的课程，学习传统文化课程，需要学生具备一定的文学基础，在教师讲授和个人查阅相关书籍过程中，学生能够逐步理解传统文化的表意和深层次意义，从而对传统文化产生较为清晰的认知，从这一角度来讲，传统文化课程是一门兼具道德素养和学科素养的课程。

教师在讲授传统文化课程中，要融入最新的学术研究成果，同时利用好网络教学资源，将教材与资源结合，使学生能够初步理解中国传统文化知识及其中蕴含的思想，这是夯实基础的过程。在学习传统文化课程过程中，教师要逐步提升学生对传统文化的兴趣程度，这是强化学习的过程。培养学生的学科素养是教师教授传统文化课程的教学目标之一，在学科素养基础上使学生形成良好的道德素养，是教师须重点关注的教学目标，也就是要使学生能够将所学理论知识运用到现实的学术研究中去，能在学术研究中发表个人独到的思想见解，以此实现传统文化的传承与发展。

形成道德素养是学生理论与实践相结合的体现，在此过程中，学生对传统文化有了新的思想认知，这有益于学生形成积极的思想价值观。传统文化课程的特点对教师讲授传统文化知识提出了相应要求，教师要利用好线上线下资源，同时引导学生自觉主动地在课外时间学习传统文化知识，帮助学生形成传统文化认知体系。教师在课内讲授的传统文化知识，需要学生在课外主动吸收巩固，学生可以在图书馆查阅传统文化书籍，也可以在社团中与其他同学共同交流分享传统文化知识。

传统文化在民间形成，也在民间发展，因此，对于教师而言，教授传统文化课程，也要带领学生走进民间，感悟民间传统文化的魅力所在，主动引导学生将传统文化理论知识自觉应用到民间文化中。传统文化短而精的部分，恰恰是其内容的价值所在，学生要主动学习传统文化理论知识，理解传统文化思想，自觉将所学理论思想运用到现实生活中，指导个人生活实践，为弘扬传统文化做出个人贡献，为实现建设文化强国的目标而奋斗。教育是行之始，教育传达的理念是指导人们积极乐观地生活，对于传统文化教育而言，亦是如此。

因此，教师在教授中国传统文化课程中，要优化教学目标，更新教学内容，引导学生树立积极的思想价值观，使学生的学科素养与道德素养“合二为一”。为此，教师应主动将传统文化中蕴含的优秀的思想文化与社会主义核心价值观结合起来，传递儒家“仁者爱人”“修齐治平”等优秀思想，为实现社会主义文化强国建设目标和中华民族伟大复兴的中国梦接续奋斗。引导学生树立主动学习传统文化的意识，需要教师用好“教”的方法，从“目标”“内容”“内涵”“知识”这四个维度出发，提高学生学科素养和道德素养，使学生能在学习优秀传统文化中升华个人思想境界，从而形成积极的思想价值观，最终指导个人工作与生活，在实现个人价值中，达到与社会价值的统一。

（三）互联网下的中国传统文化教学创新模式

第一，利用传统文化中推敲的创新因素开展互动式教学。中国优秀传统文化是古人的智慧结晶，是古人反复打磨而后形成的精华，因此，教师在讲授中国传统文化知识中，要引导学生学习古人的这种精神态度。教师可以借助互联网寻找一些与当下中国文化发展困境相关的问题，引导学生尝试运用古人推敲的精神解决这种问题，同时以互动的方式和学生共同交流探讨如何进行推敲，以此让学生形成善于推敲的思考态度。教师要在互动式教学中积极培育学生推敲的精神态度，唯有如此，才能帮助学生提高对中国传统文化的学习兴趣，从而实现中国传统文化的传承与发展。

第二，利用传统文化中典型的创新因素开展范例式教学。在中国传统文化的发展历程中，涌现了一批杰出的贡献者。这些人物具有很高的教育价值，可以作为教学范例来使用。教师可以通过互联网教学工具，将这些人物的贡献和影响生动地呈现给学生。例如，司马迁和苏轼等人物，都是中华文化发展中的重要人物，他们的贡献和影响深远。教师还可以利用互联网资源，寻找和分析中国传统文化典型人物的视频资料，引导学生深入思考不同人物的共性特点。通过分析这些人物的共性特点，教师可以提炼出反映人物心理特征的关键要素，例如兴趣、志向等，这些要素可以作为课程教学的重点目标。在中国传统文化课程中，教师应着重教授古人优秀的思想品质。这些品质对于学生形成积极的学习观和正确的思想价值观具有重要的引导作用。通过学习古人的优秀品质，学生可以更好地理解中华文化的精髓和传承，从而为中华文化的持续发展做出自己的贡献。

第三，利用传统文化中研读的创新因素开展提升式教学。中国传统文化发展历史悠久，具有丰富的人文思想性，因此，学生除了利用教材进行跟课学习外，还应该积极利用图书馆、网络等资源进行自主学习。教师在教授中国传统文化课程时，要多预留出时间用于交流讨论，以此检查学生的学习成果，此外，还要布置相应的课外课题任务，要求学生自主查阅书籍，精细研读书籍中蕴含的人文思想，在此基础上形成个人思考，帮助学生提升自主解决课题的能力。中国传统文化课程具有较为深厚的课程理论性，对学生而言，学好这些课程理论知识，对于日后的课题研究及工作生活具有指导作用。培养学生研读能力，是新时代教学目标之一，这对学生的自主学习提出了相应要求，学生不能只利用图书馆书籍资源，还要在网络平台中找寻相关资料，自主完成课题任务。

第四，利用传统文化中思辨的创新因素开展探究式教学。传统文化课题具有开放性，它需要学生之间以合作探究的方式来完成，也就是以小组为单位开展课题研究。教师在布置传统文化课题时，应该明确课题的研究方向，为学生提供相应的参考书籍，把课题任务细分到每个小组中去，要求小组成员积极借助图书和网上资源，督促小组成员按时进行合作探究，提出对课题任务的思想见解，从而保证课题能够保质保量地完成。小组成员之间的合作探究，能够将每个人的想法围聚在一起，形成开放式交流。同时，在互联网资源和图书馆资源的帮助下，这种方式能够使每个学生学习到更多传统文化知识。

三、中国传统文化教学的具体设计实践

（一）课程思政视角下中国传统文化教学设计

1. 转化课程教学理念

在课程思想视角下，教师依然是教育的主导者，也是该理念得以落实的关键。在此基础上，师资队伍建设以及教师个体教育理念调整等方面，也将面临许多新的任务与工作。课程主讲教师在思想与教育理念上应改变过去的一些成见，“以德立身、以德立学、以德施教”。传统社会称教师为“先生”，也指我们作为先觉者应去启发后学。教师可以对照传统文化教育的这一精髓，提升自己。

（1）教师“为人师表”，身正为范。教师践行传统文化需要坚持“正己才能正人”理念，在日常生活和工作中提升自身的德行修为与操守，坚持身教与言传的统一。教师对学生进行德育的前提性要求，自然是立足于自身的诚心诚意、心口合一，而这需要教师提升道德自省与修为。

（2）教师在“身正”的基础上，深化“言传”，即将课程思政以及相关德育理论吃透，真正理解知识观念背后的德行根基，并能将其外化出来，形成清晰的论述与讲授。课程思政的实质是教育，而非宣传，它要求的是在课程教育中将德育与知识技能教育同行并举，相得益彰，它要求教师提升理论能力，真正将学术研究与教书育人相结合，增强课程思政的亲和力、说服力，它的实现则在于教师对专业所学进行足够反思，不再停留于知识层面，深入挖掘它们的内在根基，也就是知识背后的德行要素。传统师道以“传道”为根本，所指的就是德育，但并非只是简单地宣讲关于道德或德育的理论知识。德行是高于又内在于道德知识的精神，传道即揭示、阐明它。

（3）教师在课程教学中实现“人师”与“经师”的统一。课程思政强调德育为根本，但并非抛开专业知识技能。学校有一体性的四项任务，分别是建立专业课程、培养教育、

精神交往与学术研究。在课程思政理念引领下的专业课程教学中，这四项内容仍是合一的整体，其中知识技能的传授不仅要保持原有的专业化、系统性，更要精益求精，传统文化通识课程教学也是如此。

2. 改造课程教学体系

课程思政作为新的教育理念与方式，必然要落实到具体的课程中，也就涉及对课程的开发、改造与设计等。“课程”，它所指本身就是一个系统性、逻辑性的系列进程，因此它所涉及的首先是课程体系，然后才是具体的每一门课。课程思政视角下传统文化通识教育课程的改造与建设也是如此。

（1）关于思政课程与课程思政视角下传统文化通识课的关系理解。思政课程是总纲性、理论性、方法论层面的思想政治教育必修课程，课程思政则是一种教育教学理念与系统，将思政课程的核心理念贯穿、具体化实践到各个课程中，但它并不是要求专业课程去专业化、去知识化，进行所谓的课程“思政化”，在它的引领下，各类专业课程同样保持着自己的专业性与独特性，传统文化通识课程也一样。

（2）在课程思政与通识课程相联系时，具体课程又有综合和专门之分。现在许多学校都会开设一些“综合课程”，例如，上海高校的“中国系列”课程。落实到传统文化通识课程方面，则可以对应“中国文化概论”“国学与当代社会”等类型的课程。同时，也会设置部分专门性课程，如类别性课程或系列经典导读课程：“中国传统音乐”“中国传统服饰文化”“中国传统饮食文化”“《周易》导读”“《诗经》导读”“《老子》导读”“《论语》导读”“《孟子》导读”等。这些综合性课程与专门性课程之间也存在一定的联系与区别：综合性课程，着眼于整体视野，旨在对学生的道德情操、思想意识、知识结构进行集中训练和综合提升，它可以防止专门性课程对知识系统的割裂和视野的狭隘化；专门性课程，则是在一个领域或经典内部去深入挖掘，形成纵向深度。两者相互配合，便具有纲目、经纬关系，一纲十目、一经百纬，各有其用。

3. 组织设计课程内容

教师在设计具体课程时，明确其基本立意与内容特点后，需要对“知识选择”进行前瞻性反思，如此才能更好地实现从“知识技能讲授”转化为“价值教育、能力培养”。在课程思政视角下，组织课程内容须具有一定的指向性。在立足于课程育人理念的基础上，对于具体课程内容的“知识选择”仍是一个具体而须落实的问题，毕竟任何一门课的教学时间与内容皆有限，不可能涵盖相关问题的所有知识。面对该问题时应遵循的两个一般原则即“系统性原则”和“简约性原则”。“系统性原则”指“课程”本质上是按照一定的

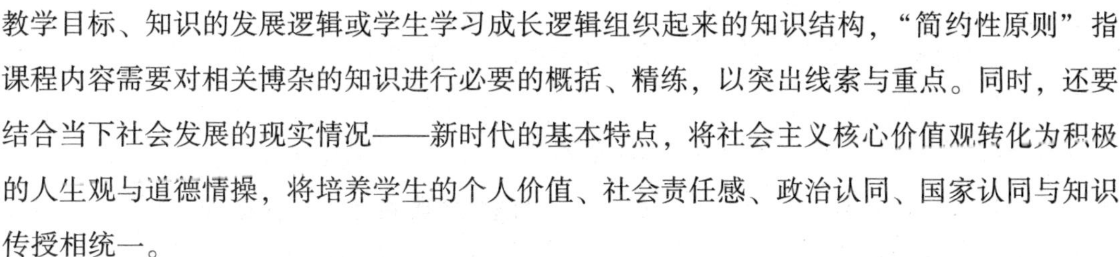

教学目标、知识的发展逻辑或学生学习成长逻辑组织起来的知识结构，“简约性原则”指课程内容需要对相关博杂的知识进行必要的概括、精练，以突出线索与重点。同时，还要结合当下社会发展的现实情况——新时代的基本特点，将社会主义核心价值观转化为积极的人生观与道德情操，将培养学生的个人价值、社会责任感、政治认同、国家认同与知识传授相统一。

在具体操作中，提炼课程中所蕴含的立德树人元素，引导学生的精神教化。在传统文化通识课程教学方面，便可以内在地、系统地将中国传统优秀文化与当今中国的社会现实相结合，让学生理解民族复兴、中国梦、中国道路。在传授相关知识内容，以及联系当下的中国特色社会主义现实时，可从“继承”和“批判”两个层面来分析讨论。当然，课程思政在传统文化通识课程教学中的难点在于如何将专业知识讲授与思政德育相结合，这也是众多一线专业教师要面临的问题。实则，它们彼此间并不存在鸿沟，也不应只是简单的策略性、手段性、工具性的“焊接”或“嫁接”，仅仅停留在“触点”、浅层的联系案例，它们应是也可以是血肉相融的有机体：在一个确定的教育理念之下，通过认知逻辑的推演、历史的梳理、学理的探索，很自然地带出相关历史与典故案例等。

德育本就蕴含于专业知识之中，也可以从中有机地生长出来、显像出来。例如，课程思政要加强中华优秀传统文化教育、深化职业理想和职业道德教育、深入开展宪法法治教育，这些内容便可以与近年来兴盛的“工匠精神”“中国传统之治”等话题相结合。我国不乏相关典故与思想的记述。先秦社会对道术、技艺有所追问，形成了一定的理念，同时有一定的工匠制度与文化传承，也直接影响了诸子对工匠精神的树立，这在《礼记》《墨子》《庄子》等经典中都有涉及，且有诸多典故、案例。中国传统文化中的治国理念对促进当代中国的政治制度建设与发展具有重要意义，这些历史与典故皆可以有机地融入通识课程中，促成价值引领与知识传授的“体用合一”。

4. 综合运用教学手段

在教学手段方面，坚持传统与新生事物相结合。传统的教辅与教学手段，如修编高质量教材和运用传统多媒体工具等，仍是基础性保障。随着互联网技术的发展，人们也日益关注网络慕课资源的开发与使用。传统文化通识课程教师对此自然应给予充分关注，甚至利用慕课资源，乃至参与开发。但同时也要清醒地认识到想象慕课与真实慕课之间的联系与区别，客观看待慕课与实体课各自的利弊。慕课在可预见的将来仍无法取代实体课，将两者相结合使用则是近期的一个发展路径与趋势。在课程思政理念引领下，除常规性的课堂教学之外，当涉及部分特定议题而举行讨论课时，可以邀请思政课程教师一同参与。同时，也可以适当增加一些课外实践环节，从而培养、提升学生各方面的能力。

（二）中国传统文化教学中国学经典课程设计

1. 国学经典课程对中国传统文化传承的意义

学校是国学思想传播的主阵地，在学校开设国学经典课程，能够提高学生的思想道德素养水平和学科素养水平，加深学生对国学经典课程的思想认知，为新时代的国学文化教育带来新的改变。

（1）国学经典课程可有效提升学生的语文素养。学科素养建立在学生对课程的认知理解程度基础上。国学经典课程蕴含了独特的思想人文性，对学生而言，学好国学经典课程，能够提升自身语文素养，增强自身人际交往能力。教师要积极引导学生学习国学经典课程，深入理解国学经典课程中的文化思想，以多种教学手段强化学生学习主动性和积极性，夯实学生语文素养基础。国学中包含的先秦思想及诸子百家学说，是国学经典课程的重要内容，因此，教师要把这部分内容作为教学重点，使学生建立起对国学思想的认知体系，为后续学习其他国学思想奠定坚实基础，并使学生形成良好的语文素养。

（2）国学经典课程可推动传统文化的传承。推动传统文化传承，需要院校发挥好教育引领作用，把国学经典课程作为重点课程，建立具有中国特色的传统文化传承体系。此外，学生需要认真学习国学经典内容，一方面要确立国学经典课程学习目标，明确学习国学经典课程的方向；另一方面要主动利用课外时间查阅国学经典课程书籍，补充知识内容，提升个人国学文化素养，在学习国学经典课程中形成正确的、积极的思想价值观。因此，对于学生而言，重要的是培育个人学习国学经典课程的学习兴趣。

（3）国学经典课程可切实强化学生的道德素质。学生处在思想价值观形成的重要阶段，而道德素养则是评价学生思想价值观的重要参考指标。教师可以通过讲授国学经典课程，培育学生社会主义核心价值观，以此来提高学生思想道德素质，例如，在讲授《老子》时，教师可将“老吾老，以及人之老；幼吾幼，以及人之幼”的国学思想融入社会主义核心价值观中，引导学生在新时代形成敬老爱幼新风尚。道德素质反映社会文明，开设国学经典课程，提高学生道德素质，对于推动社会文明的进步具有重要意义，因此，教师应积极完善国学经典课程教学目标，主动改进国学经典课程教学方法，在教学中多加引用古人经典案例，同时结合现代反面案例，引导学生思考，以此提高对形成良好的道德素质的重视程度。

2. 中国传统文化传承下的国学经典教学设计

（1）在思想层面创新教学理念

第一，重视培育学生的历史文化情感。学生是历史文化的继承者和传播者，因此，教师要重视培育学生的历史文化情感，这也是建设社会主义文化强国的应有之义。应该认识到，国学经典课程应不只是讲授传统文化知识，传播具有现实指导意义的思想也是其主要目标。

第二，重视古典文章的积极指导作用。从内容层面分析，国学经典包括了知识内容和思想内容两方面，这对教师教授国学经典课程提出了相应要求。教师要明确教学目标，利用有效的教学手段，让学生产生对学习国学经典课程的兴趣，逐步扩充学生对国学经典内容的认知，在此过程中，通过讲授优秀古典文章，使学生形成正确的思想价值观，提高学生的思想道德素养。教师要重视古典文章的积极指导作用，让学生在品读古文中与古人建立思想联系，感悟古人对于民族情感的精神寄托，学习古人对于民族文化的传承发扬，指导学生形成对民族文化的认同感，在传承中发展好国学经典内容，在发展中提高个人思想文化修养。

（2）从技术角度创新教学方法

第一，利用数字媒介传播技术开展国学经典课程教学，是一种新兴的教学选择，国学经典课程与数字媒介传播技术相结合，使教师可以更加具象化地展示教学内容，让学生对国学内容有新的理解。例如，教师可以用音频让学生感知“高山流水”中蕴含的古雅意境，还可以用视频让学生理解“呦呦鹿鸣”的美好场景。同样，教师可以用图片来为学生展示“扶摇直上”的生动意象，通过这些，相信学生能够形成对国学内容学习的兴趣，从国学内容中学习到有益于指导个人生活的思想精髓。

第二，利用微信等软件建立交流群开展国学经典课程教学，可以实现与学生的在线交流，同时也可以为学生在线分享与国学经典课程相关的最新研究成果，随时为学生答疑解惑，推动学生国学文化素养发展。以微信为主的即时通信工具，成为教师与学生建立沟通联系的主要选择，借助这一通信工具产生的交流群，教学内容得以线上传播，教学质量得到改善提升。因此，教师要积极利用好微信群，在群内主动分享与国学有关的内容，引导学生在群内开展线上讨论，在此过程中提高学生的学习积极性，推动国学经典课程传播的创新发展。

第三，利用数字成像技术开展国学经典课程教学，是推动传统文化传承发展的有效手段，教师可以主动寻求与校外开展合作，将数字成像技术应用到实际教学中来，帮助学生加深理解课程内容。学生在脑海中建立意境，这是理解国学内容的一种有效方式，而意境的建立，需要教师运用数字成像技术，为学生带来直观的、丰富的感官体验，这样学生也就能够通过感官与意境建立联系，体会古人“三省吾身”的精神，以此形成对国学内容的独特思考。因此，教师要主动寻求利用数字成像技术，为学生讲授国学文化的内容，传递其中蕴含的思想精髓。

第四节　中国传统文化课中的研究性教学模式

下面主要从致思趋向视域下对中国传统文化课中的研究性教学模式进行探讨，这种探讨并非全盘否定传统的教学方法，而是对不利于学生接受的、不利于学生能动自主性发挥的教学方法进行变革，遵循师生互动、独立研究与合作研究相结合、理论联系实际三大原则，从问题研究性教学法入手，突出体现研究性教学的优长，逐步探索更适合中国传统文化课的教学模式。

“研究性教学模式强调的是学生的实践，侧重学生在中国传统文化的学习过程中应具有研究性和自主性，注重对所学传统文化理论知识的实际运用和内化，使中国传统文化的致思趋向在潜移默化中影响学生，使学生在今后的生活和工作中自然而然地形成良好的价值观和人生观。”① 所以，致思趋向视域下展开的中国传统文化研究性教学需要注意以下方面。

一、重视理论与实际的相互联系

在致思趋向视域下，学习中国传统文化课程的目标，不仅在于传承文明，更在于汲取中国传统文化的大智慧，以史为鉴，塑造多元的文化观念和良好的致思趋向。通过学习，学生应能将所学知识运用到实际生活中，真正做到学以致用。教师在教学过程中，应充分发挥自身的主导作用，系统地传授中国传统文化的基本内容。同时，教师还应采用多种教学方式，如观看电教片、参与社会实践和校园文化活动等第二课堂活动，引导学生运用传统文化中的理论和知识解决现实问题。通过这样的教学方式，学生不仅能掌握理论知识，还能培养实际应用能力，从而更好地传承和发展中国优秀的传统文化。

在讲解中华民族的自强不息精神时，教师须注意，这种精神不仅是民族的精神动力，

---

① 李宗霖. 致思趋向视阈下的中国传统文化课研究性教学模式探讨［J］. 内蒙古师范大学学报（教育科学版），2013，26（7）：131.

更是中国传统文化的重要理念。为了使学生更深入地理解这一精神，我们需要将历史上的典型事例与现实生活相结合。具体而言，可以指导学生进行社会调研，用当代生活中的典型人物和学生身边的真实案例来教育他们。这样，学生在未来的人生道路上，能做到自强自立，勇于竞争，勇于拼搏，勇于创新，勇于直面挫折，以及勇于战胜自我。通过这种方式，学生所学习的不仅仅是书本上的知识，而且是通过现实生活中的真人真事，深化对自强不息的民族精神的理解和感悟。此外，这也有助于培养学生独立思考和处理问题的能力，增强他们的自信心。最终，使自强不息真正成为学生的人生态度。

二、促使独立研究与合作研究相结合

致思趋向视域下的中国传统文化课研究性教学模式改革，其目的就是使学生摆脱依靠教师的习惯性被动学习方式，在学习中国传统文化理论知识的过程中独立思考，主动研究，探究问题的因果关系和解决方法，而且要组织各种团队，在集体中以合作研究的方式来弥补个人知识积累不足的缺陷，形成群体性的集思广益，形成新的研究成果。中国传统文化的一个重要致思趋向是强调个人与群体的关系，而研究性教学模式正是将学生的个人独立研究和群体性合作研究有效地结合，以实现高效学习的最佳状态。在这一原则指导下的教学活动既能激发学生的兴趣，扩展学生的思维，又能培养学生团队协作的能力和集体观念。

例如，在学习爱国主义的民族责任感时，教师提前将学生分成不同的小组，从忧国忧民、公而忘私、持正守节、以身许国等不同角度，以课后作业的形式给各个小组的学生布置任务，让每个学生都有明确的具体分工，如查阅文献、互联网搜索、观看影视资料等。在下节课上除了交各自的作业外，各小组还要以书面形式形成一份自己小组的综合报告，并以课堂讲解的方式在台上陈述自己团队的共识。通过这样的教学活动，一方面，进一步增强了学生的使命感，使当代学生能自觉传承爱国主义的民族责任感，为国家的繁荣昌盛贡献自己的力量；另一方面，使学生在学习过程中切身体会到群体的重要性以及自己在群体中的作用。

三、加强师生间的良性互动

中国传统文化的致思趋向反映的是中华民族的整体思维构架和社会价值倾向，所以致思趋向视域下的中国传统文化课教学并非单纯的历史知识学习，不能仅以教师讲授为主，只强调知识的灌输，而应注重充分发挥学生的主体作用，以教师为主导，启发学生学会主动学习、培养创造性思维，用发展的眼光看待问题，逐步建构自己的中国传统文化知识体系。教师在中国传统文化课堂教学活动中，要善于巧妙地设计教师与学生之间、学生与学生之间的互动环节，从而更好地激发学生对中国传统文化的学习兴趣，营造出良好的课堂氛围，使教学活动充盈着生机和活力。

例如，在讲到中国传统文化的贵和持中的民族气度时，教师只讲看重和谐，坚持中道，是中华民族文化的重要精神。这种贵和持中的思想正是中国人把大自然的属性与人的品性联系起来，努力追求一种超然、旷达、“海纳百川”的气度。在点明其精妙之后，以学生分组讨论、相互辩论以及教师随机参与学生讨论等形式，从不同角度让学生自主地去加以分析和总结，使学生自觉进入研究思考的状态，进而形成一种主动学习和研究的习惯。教师所起的是支持和引导的作用，学生要充分发挥主动性与积极性。这种互动式教学，既充实了教学内容，使学生能更全面地理解中国传统文化这一特征的优长和不足，又活跃了课堂气氛，使学生能充分感受到自主学习的乐趣，同时更体现了作为主体的学生和作为主导的教师之间的关系，增强了在课堂教学活动中教师和学生之间的良性互动。

第六章 汉语言文学教学模式的创新探索

第一节 汉语言文学的现代汉语教学新模式

作为高校汉语言文学专业的基础课程，现代汉语语言结构复杂，理论性较强，同时教学模式单一，学生主体性不够突出，这导致学生学习积极性不高，教学效果不理想。对此，积极转变教学模式，采取针对性措施，提高学生的自我管理能力，主动调整学习策略尤为关键。

现代汉语教学，意在培养学生分析与研究等思维能力，以及文笔等写作能力，使其能够在新闻出版、汉语教育等领域工作岗位上轻松胜任。对此，加强对现代汉语教学新模式的研究意义重大。

一、汉语言文学中现代汉语教学的方式

（一）讲授式教学

“讲授式教学适用于曾经接触过，但理论性、系统性显著增加的课本内容教学，如在声调的性质和作用的教学中，学生以传统思维认识所学内容必然会出现实践上的失误。”① 对此，可按照教师导学、学生自学、学生讲授、教师质疑、练习巩固的程序展开教学，指导学生声调读法，纠正声调错误。首先，让学生围绕问题分析教材，学生在自学的基础上逐步熟悉教材内容，同时整理与讲解内容中的重点与难点；其次，教师指出学生的理解错误，帮助学生捋顺思路、整理要点，帮助学生明确结论；最后，教师根据学生知识掌握程度布置课后练习，加深学生学习印象。这种教学模式不仅能够突出学生的主体地位，而且能够发挥教师在教学中的主导作用，在培养学生理解能力的同时，提高学生融会贯通的能力。

---

① 王玥. 汉语言文学教育与教学方法的创新研究［M］. 延吉：延边大学出版社，2020：18.

（二）引发式教学

引发式教学突出师生的互动性。教学程序涉及教师导课、学生回答、师生互动、学生总结，适用于难度大，但教学内容熟悉，且与中学课本相比改动不大的内容。学生按照传统思维理解教学内容，容易认识片面且对思维能力的培养作用不大。对此，教师需要巧妙设计疑问，引导学生敢于质疑，培养学生的钻研精神和思维能力。在课程导入环节，教师可向学生展示包含教学内容重点、难点的题目，引导学生回答问题，让学生认识到浅层认识所学知识点的错误性与片面性，产生教学疑问；在师生互动环节，教师引导学生发现问题，分析并了解问题原因；在总结环节，教师让学生各抒己见，并引导学生多次整理观点，得出规律性、系统性的结论。师生间的双向互动与有效的沟通交流，会产生思想碰撞与思维联动。教师根据学生的疑问展开针对性的分析，引领学生思维发展，使教学效果事半功倍。

（三）实践式教学

实践式教学注重突出学生的主体地位。教学程序涉及学生自学、学生讲授、教师讲评与练习巩固，适用于朗读等学生熟悉的课本内容教学。对学生施以灌输式教学并不能提高其学习的积极性，应当突出学生的主体地位，让学生参与教学过程，减少厌学情绪。在自学阶段，教师要提前布置好预习内容和任务，同时加强教材内容的分析与整理，合理制定教案；在学生讲授阶段，教师要让学生按照个体思维自主理解教材内容，并鼓励学生讲述个人见解；在讲评阶段，主要是教师给予学生知识性点播；在练习巩固阶段，主要是教师通过设计梯度性练习题的方式，检验与巩固学生所学知识，提高学生知识掌握程度。同时，根据学生学习情况，调整教学策略，为针对性教学奠定良好的基础。

（四）启发式教学

启发式教学适用于难度较大且未接触过课本内容的教学。教学程序涉及教师讲解、精选巧练、学生质疑与教师总结几个环节。接触全新教学内容，还需教师以讲练结合的教学方式引导学生集中注意力，主动思考与探索，最终让学生在学习中发现并解决问题。通过知识点加实例的教学方法，有利于学生理解知识并对知识点进行归纳。

（五）研讨式教学

研讨式教学侧重理论与实践的结合。这种教学方式适用于重点章节教学，以此培养学

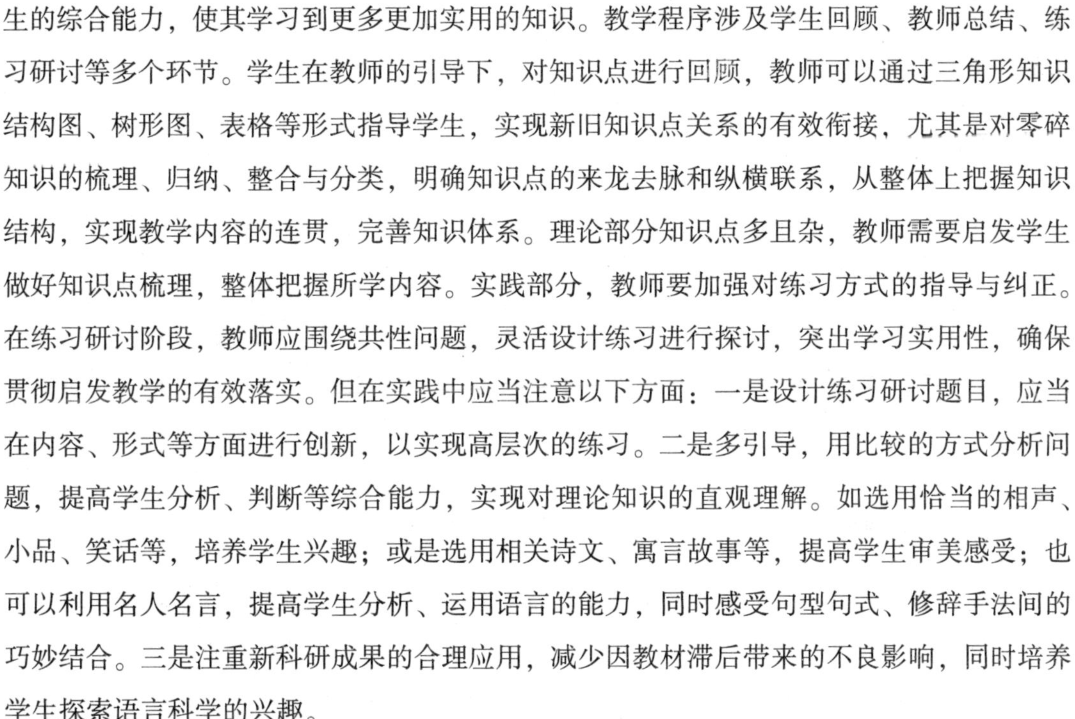

生的综合能力，使其学习到更多更加实用的知识。教学程序涉及学生回顾、教师总结、练习研讨等多个环节。学生在教师的引导下，对知识点进行回顾，教师可以通过三角形知识结构图、树形图、表格等形式指导学生，实现新旧知识点关系的有效衔接，尤其是对零碎知识的梳理、归纳、整合与分类，明确知识点的来龙去脉和纵横联系，从整体上把握知识结构，实现教学内容的连贯，完善知识体系。理论部分知识点多且杂，教师需要启发学生做好知识点梳理，整体把握所学内容。实践部分，教师要加强对练习方式的指导与纠正。在练习研讨阶段，教师应围绕共性问题，灵活设计练习进行探讨，突出学习实用性，确保贯彻启发教学的有效落实。但在实践中应当注意以下方面：一是设计练习研讨题目，应当在内容、形式等方面进行创新，以实现高层次的练习。二是多引导，用比较的方式分析问题，提高学生分析、判断等综合能力，实现对理论知识的直观理解。如选用恰当的相声、小品、笑话等，培养学生兴趣；或是选用相关诗文、寓言故事等，提高学生审美感受；也可以利用名人名言，提高学生分析、运用语言的能力，同时感受句型句式、修辞手法间的巧妙结合。三是注重新科研成果的合理应用，减少因教材滞后带来的不良影响，同时培养学生探索语言科学的兴趣。

二、汉语言文学中现代汉语教学的方法

（一）提高学习的积极性

兴趣是学生学习以及坚持学习的重要基础，唯有提高学生学习的积极性，才能确保学生有效参与教学活动。但现代汉语教学受传统观念的影响，教学课堂氛围不活跃。课程教学应当注重与学生的互动，切实发挥学生的主体意识，让学生参与教学活动。例如，可以在教学中，利用口诀等方法加深知识点记忆，提高学生的学习兴趣。除此之外，教师还要注重与学生间的沟通合作，减少学生畏惧与厌学的心理。注重教学情境的创设，提高学生学习兴趣的同时，培养学生的主观能动性与创造力。

（二）加强学习的自主性

现代汉语教学课时少，课上学习与课后练习缺乏主动性，学生难以有效掌握学习内容。为提高学生的学习主动性，教师需要加强学生的课前预习能力，利用慕课、翻转课堂等形式，在线提醒学生围绕学习问题自主观看教学视频或是自主复习书本知识，鼓励学生在线提出问题；或通过讨论，在线帮助其他同学解决问题。在课堂上，教师需要加强问题设计，调动学生参与及分析问题的积极性。在课后复习过程中，教师可向学生推荐相关的

复习软件、书籍等，帮助学生快速巩固所学知识，同时也可以延展知识点，让学生通过复习与反思，不断提高学习效率。

（三）激发学生创新能力

提高学生的创新能力离不开教师的引导与设计。在现代汉语教学中，师生易受传统的灌输式教学理念影响，导致学习缺乏创新性，因此，提高创新能力尤为关键。首先，教师应引导学生发现汉语知识背后的真理、背景与故事，加深对知识点的理解；其次，在练习研讨中，可通过小组合作学习的方式，培养学生举一反三的能力，以及学生对所学知识点的好奇心。

（四）科学建立教学目标

现代汉语教学不仅是为了提高学生现代汉语知识掌握度，更是为了培养学生语言素养，以及实际运用、分析理解等综合能力。对此，现代汉语教学目标应涉及语言分析与研究能力、实际能力、基本知识三个方面。除此之外，还须结合学生的个体差异、就业走向、专业特色等，制定教学目标，提高学生的学习效率，确保教学的针对性与效果。

各种现代汉语教学新模式的应用都是建立在学生意识到学习汉语的重要性基础上的，加强学生对现代汉语重要作用的认识尤为关键。应根据教学内容、专业特征、就业方向等合理采用教学模式，确保教学效果的同时，实现教学目标，培养学生的专业性发展意识与能力。

（五）拓展学生思维能力

为提高学生的综合能力，教师需要加强对学生思维的拓展训练。除此之外，还要注重理论知识与现代语言的有效结合，在拉近与学生距离的同时，带动学生与时俱进。例如，在教学中，教师可引用一些网络流行语、网络谐音语言等对知识点进行生活化解释，引导学生发散思维，使学生也可以将现代汉语知识点运用在日常生活当中。尤其是信息时代下的现代汉语教学，更应当注重网络、多媒体等现代教学设备的应用，以便学生更好地接受与理解。

第二节　开放教育模式下的汉语言文学教学

一、开放教育模式的认知

开放教育模式是一种以学习者为中心，注重个性化需求的教育模式。它以现代信息技术为支撑，突破了传统教育的时间和空间限制，为学习者提供了更加灵活、便捷的学习方式。

（一）开放教育模式的教育理念

开放教育模式与传统教育模式最大的区别是教育理念的改变。开放教育模式主要有三个核心教育理念，分别是服务理念、平等理念和协作理念。服务理念是指在开放教育模式下，教师不是指挥、强迫学生学习，而是将学生放在第一位，一切以学生和学生的学习为中心。开放教育模式中一切都要为学生和学生的学习让位，因此，构建开放教育模式的第一步是转变教学理念，树立良好的服务理念。平等理念是指在教学过程中教师、学生的地位平等，和学生交流是教师的主要工作形式。教师从传统的被迫交流转化为积极主动交流，教师从传统的单向知识传播者向交流者转变。协作理念是指开放教育模式中教学手段和形式丰富多样，教学已经不能像传统教育一样单靠一个教师便能解决一节课程，开放教育模式下教学需要多个教师、多项现代化技术等进行协作教学。例如，网上文言文语言教学直播、疑难解答，需要文言文教学部门、网络通信技术部门、文言文专业教师团队、网络系统维护工程师等多方紧密协作才能完成。

（二）开放教育模式的基本特征

与传统教育模式相比，开放教育模式具有三个主要特征：第一，开放教育模式的教学核心是学生和学生的学习，它摆脱了传统教育围绕学校、教材、课程、教师为中心的模式，这是开放教育模式区别于传统教育最显著的特征；第二，开放教育以现代先进信息技术、多媒体技术为主要手段，有别于传统教育一本书、一支笔的课堂面对面交流的教学模式；第三，开放教育模式摆脱传统教育受时间、地点、条件限制的困境，为社会上所有想要学习的人提供方便。这三个特征构成开放教育模式，缺少任何一个特征都不能构成完整的开放教育模式。由此可以总结出开放教育模式的概念是指用现代先进信息技术、多媒体技术等为主要手段，以学生和学生的学习为核心，为所有想学习的人提供教学服务的一种教学模式。

二、基于开放教育模式的汉语言文学教学改革

（一）教学理念的改革

传统教学模式围绕教材、教师和学校课程安排教学，课堂教学主要依靠教师，教学理念是以教师为主、学生为辅。教师有时会忽视学生的主观感受和意向，导致教学与学生的需求相背离。在强迫学习的环境中，学生将学习汉语言当成一种义务和包袱，会使学生在长期的压迫下丧失学习兴趣。针对传统文言文专业教育存在的问题，开放教育模式下汉语言文学专业教学应首先改革教学理念。树立汉语言文学专业教学的服务理念、平等理念和协作理念，利用开放教育的先进教学理念构建开放教育模式下的汉语言文学专业教学模式。在汉语言文学专业教学过程中，将学生和教师的地位平等起来，将以教材、课堂、学校、教师为核心的教学理念向以学生和学生学习为核心的理念转变。树立汉语言文学专业教学的协作教学理念，调动多方资源协助教学，充分整合汉语言文学专业的教学资源，实现最优资源配置，提高教学资源利用率，进而提高汉语言文学专业教学效率和质量。

（二）教学内容的改革

因为传统汉语言文学教材只适合传统教学模式，不适合远程开放教育模式下的教学，所以新模式下的汉语言文学教学需要改革教学内容。传统汉语言文学教学内容的不足是缺乏应用性，传统汉语言文学教学内容注重学生知识、理论的提升，忽视能力的培养。针对以上问题，改革应重视学生实战技能和社会实践能力的培养，教学围绕应用性开展。具体措施是：教学内容改革以汉语言文学专业学生踏入社会的就业指导为导向，以汉语言文学专业知识为中心，将教学内容与国家、社会的需求挂钩，培养国家、社会需要的人才。例如，目前我国正处于网络信息时代，社会需要综合素质高的网络编辑人才，学校经过汉语言文学专业就业方向的调查、分析、预测后，应根据实际情况制定各种应用类、技巧类教学课程，增加选修课数量，向学生开放，并根据需求适当调整。

（三）教学手段的改革

根据我国汉语言文学专业的特点可知，阅读是提高汉语言文学专业学生人文素养、写作技能、获得基础语言知识的重要手段，汉语言文学专业教学离不开大量的阅读资源，因

此开放教育模式下的汉语言文学教学改革需要整合教学资源。整合教学资源的具体措施是利用现代网络技术收集、归纳社会上的我国文学精品，辅助汉语言文学教学，整合多元化专业知识资源，为学生提供更好的资源服务。语言文学专业教学的改革应注重教学手段的改革，校内课堂主要采用传统教学手段，现代教学手段为辅。校外远程开放教育以现代教学手段为主，传统教学手段为辅。汉语言文学教学手段应利用现代化技术，丰富教学手段和形式，为校内外想学习汉语言文学专业知识和技能的学生提供帮助。如利用网络技术、双向视频技术等，构建网上汉语言文学专业直播疑难解答，构建远程面对面集中授课，完善汉语言文学专业的共享平台，安排专业维护共享平台的教师，及时为学生解决汉语言文学专业教学中遇到的难题，特殊学生特殊对待，开发有针对性的教学模式。

第三节 汉语言文学教学的研究性学习模式

研究性学习模式的提出，是为了应对目前大众化教育下出现的低俗化、劣质化倾向，它包括四个层面：听——教师的引导、示范作用；读——知识的积淀与思想内涵；说——知识的运用与思维的锻炼；写——文字的运用、逻辑的安排、思想的交融。四者共同构成的立体教学模型，既相互统一，又各具独立性，为提升学生综合素质奠定基础。为贯彻落实这一学习模式，还须建立一个教师、学生、课程设计三层面的保障机制。

一、研究性学习模式是汉语言文学教学的新尝试

研究性学习并非新鲜事物，然而在高等教育领域，对其进行的深入探讨却极为稀少。众多研究者往往将研究性学习模式视为研究生教育的专属，而高等教育仍停留在传统的灌输式知识传授模式。为适应素质教育的需求，将研究性学习模式引入高等教育，实为转变被动学习为主动思考、从知识灌输向能力培养的必然选择。研究性学习模式的重点并非将所有学生都培养为学术科研后备军，而是通过科学研究的流程，如资料搜集、问题提出、问题分析、问题解决及论文撰写等，全面提升学生在听、说、读、写等方面的综合能力。这不仅为学生步入社会、适应复杂的社会需求打下坚实基础，同时也为其进一步的学习深造铺平道路。具体有以下四个层次。

（一）听——教师的引导、示范作用

以往论者也强调“听”的功能，认为“听”中“教师起到的示范引领的作用尤为关

键”。但以往论者“听”的功能过于狭窄，偏向于诵读名篇以唤起学生的审美感受，或者利用视频等引起学生兴趣。研究性学习所谓的“听”指的是教师在课堂上对学习方法与思维方式的传授，学生在教师的引导下学会如何学习、如何思考。“听”虽以学生为主体，但教师的“讲”显然是“听”的前提与基础，所以教师如何“讲”就成了学生“听”后是否有成效的关键。具体到讲的内容，有如下方面：

第一，如何读书，读哪些书，这是一个选择问题。在目前的高等教育体系中，教材成为主导，而对原典、原著的深度研读明显不足。为此，本书提出了一个立体读书模型，以作品为核心，学术专著与论文为辅助。文学作品作为感性之源，对于培养学生的审美趣味和文字功底至关重要。李白、杜甫、苏轼等杰作更是基础中的基础。学术专著与论文则提供了理性的提炼与升华，教会学生如何深入研究作品和培养思考问题的能力。教师在为学生推荐书目时，应兼顾数量与质量，既要避免负担过重，也要确保实质效果。明确的阅读指导也是必要的，包括阅读顺序、详略程度等，以帮助学生高效地吸收知识。

第二，教师在教授作家作品与流派时，应充分发挥自身深厚的学术底蕴，以磅礴的知识与深邃的思想引领学生。在这一过程中，教师须精心设计授课内容，使学生在学习过程中获得思想的启迪、感受文学的魅力，并深刻领悟人生的真谛。要达到这一目标，教师须在课前进行充分的阅读、研究与消化，深入理解作家作品与流派的精髓。只有这样，教师的授课才能超越单纯的知识灌输，成为一场思想的盛宴，让学生在交流与碰撞中成长。

（二）读——知识的积淀与思想内涵

“听”主要是教师“讲”的引领过程，“读”则需要学生耐得住寂寞、十年如一日、持之以恒地读下去。没有大量读作品、读论文、读学术专著、读社会这本大书的积淀，大学生的素质教育将永远是句空话，大学生课堂上与教师的交流也将陷于游谈无根，至于适应社会工作或进一步深造的写作能力更是无从落实。因此，只有大量读才能说、才能写。教师教授读书方法之后，学生沉下心来真正一本一本读书、一篇一篇看论文才是奠定学生扎实功底的有效方法。读书方面，每周能读 2~3 篇学术论文，每月能读 3 部作品与 1 部学术专著，读书不只是翻书，读书过程中的摘抄与做读书笔记能够起到积淀知识与深化思维的作用。读书笔记一方面是围绕一个主题搜集资料，锻炼学生收集资料与信息的能力；另一方面读书笔记需要学生组织文字，锻炼学生的文字功底。最后读书笔记还需要提出问题、分析问题甚至解决问题，对学生独立应对问题的能力提出了较高的要求。

（三）说——知识运用与思维的锻炼

在缺乏足够的知识储备和思维训练的情况下，言谈往往会失去明确的主题和逻辑。因

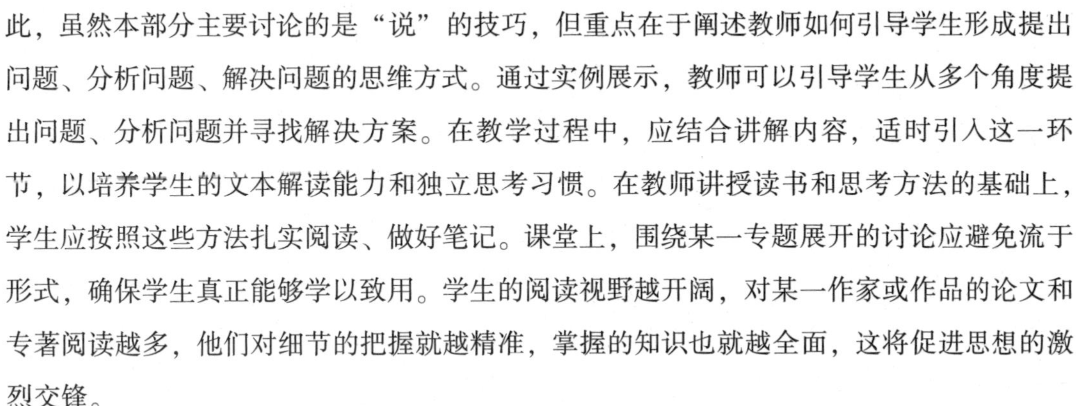

此，虽然本部分主要讨论的是“说”的技巧，但重点在于阐述教师如何引导学生形成提出问题、分析问题、解决问题的思维方式。通过实例展示，教师可以引导学生从多个角度提出问题、分析问题并寻找解决方案。在教学过程中，应结合讲解内容，适时引入这一环节，以培养学生的文本解读能力和独立思考习惯。在教师讲授读书和思考方法的基础上，学生应按照这些方法扎实阅读、做好笔记。课堂上，围绕某一专题展开的讨论应避免流于形式，确保学生真正能够学以致用。学生的阅读视野越开阔，对某一作家或作品的论文和专著阅读越多，他们对细节的把握就越精准，掌握的知识也就越全面，这将促进思想的激烈交锋。

（四）写——文字运用、逻辑安排、思想交融

对于“写”，我们应该关注其文字的运用、逻辑的安排以及思想的交融。这不仅限于简单的摘抄或逐条式笔记，还包括更具深度的读书札记，甚至具有创新性的学术论文。写作作为学习的最后阶段，也是最具挑战性的部分。它要求学生综合运用在教师指导下学习的思维方法、大量阅读论文与作品以及参与课堂讨论与辩论中获得的观点。这个过程不仅检验学生的文字功底和逻辑能力，更注重其独立思考和创新思想的产生。通过笔记与摘抄，模仿经典学术论文，掌握学术论文写作规范，为提升写作能力奠定坚实基础。此外，教师还应为学生介绍常用的数据库和学术专著。大学生应每周阅读 2~3 篇与专业课程相关的优质学术论文，这样有助于培养其学术思维，受益终身。

二、研究性学习模式在汉语言文学教学中的落实

人文素养的培育非一朝一夕之功，研究性学习模式的贯彻是以大量时间与精力的投入为前提的。把研究性学习模式在汉语言文学专业教学中落到实处，需要三个层面的协作。

第一，教师层面。研究性学习模式中，教师是教学中的主导，如何传授学习方法，如何开列读书目录，如何做读书笔记，如何提出问题、分析问题、解决问题，都需要教师在这方面具备极强的综合能力。具体如下：①教师能力方面的培养。所谓“名师出高徒”，要培养一个“听、说、读、写”综合素养高的学生，首先要求教师具有独特的造诣与深厚的涵养。而这种涵养是从大量读作品、读专著、读论文并进行持续不断思考、写作、教学中而来。②教学方式的创新。有些教师有科研能力，但缺乏教学的技巧与经验，导致最后的教学效果不理想。科研能力并不必然等于教学能力，所以，有科研能力的教师如何把这种能力转化为教学能力仍然是需要持续关注的重点。③改变对教师的考核方式，加强对教师职称的评定和能力的考查，关于教学成果的权重，各种奖励与教学成果直接挂钩，让教

师摆脱“教好教坏一个样”的放任心态，在制度性的利益保障下，必将刺激教师花费更多时间与精力改进教学方法。

第二，学生层面。学生在大环境不利的情况下，其主体性相对较弱，很难自主地进行学习。因此，构建一个更加完整、科学的评价体系成为迫切需要解决的问题，以客观地评估学生的学习成果。

第三，课程设计层面。我国高等教育课时安排过于紧凑，导致大学生面临的问题并非缺乏上课机会，而是机会过多，使他们的生活与时间过于紧张，难以有足够的时间与精力进行深入学习与提升。目前，高等教育存在一个显著问题，即过度重视记忆而忽视课后的思考与知识消化。相较之下，研究生教育则注重少量的教师引导与学生的自主学习相结合，促使学生从被动接受转变为主动学习。因此，在课程设计方面，应精选必修课程，适当删减一些相关性较低的课程。

第四节　汉语言文学教学中的翻转课堂模式

汉语言文学的人文性决定了其在职场上几乎找不到与之明确对应的职务，然而对文化的传承及认同又注定了这一专业是学好其他各种专业的基础，因此具有举足轻重、不可或缺的决定性作用。所以，新时期汉语言文学教学构建翻转课堂的策略既需要利用翻转课堂迁移基础学习内容，提升课堂教学针对性，又需要优化考核评价体系，丰富考试形式与内容，以及分组合作提升学习自主性，培养终身学习意识和能力。

一、翻转课堂教学模式的具体认知

翻转课堂是在教师课程开始之前按照教学计划、教学内容、教学重难点将微视频精心地设计和制作出来的，学生可以在课下选择合适的环境自主学习教师制作好的微视频，然后在课堂上师生一起讨论、交流，解决自学时遇到的疑难问题或者课堂作业，这种新型教学方法即是“翻转课堂”。

（一）翻转课堂模式的基本特征

1. 采用先学后教模式

翻转课堂是十分典型的一种先学后教的教学模式，在此种模式下，学生要在课程开始之前通过观看教师录制的视频或者是网络教学视频做笔记，完成相关的作业。课堂开始

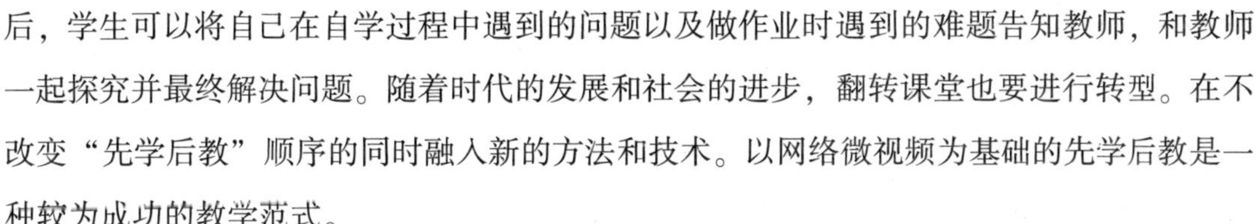

后，学生可以将自己在自学过程中遇到的问题以及做作业时遇到的难题告知教师，和教师一起探究并最终解决问题。随着时代的发展和社会的进步，翻转课堂也要进行转型。在不改变“先学后教”顺序的同时融入新的方法和技术。以网络微视频为基础的先学后教是一种较为成功的教学范式。

与传统课堂以讲学稿、导学案为基础的先学后教模式相比，网络条件下由微视频主导的先学后教模式具有以下几个特征：①生动的讲解。和传统纸质的导学案相比，以视频呈现出来的教师讲解必定会更加生动形象，从而受到学生的欢迎和喜爱。②及时的反馈。与纸质导学案相比，由微视频主导的先学后教模式能够更加及时地得到学生的反馈。不管是课前学生自学情况的反馈，还是课堂上学生的学习反馈，教师都能够迅速得到。③容易检索和保存。相较于导学案而言，电子资料更加方便检索和保存，更加有利于学生的复习。但实际上，不管是导学案还是微视频，所采取的都是先学后教的模式，二者的原理相同。

2. 重建学习流程

翻转课堂最外化或者说最明显的标志就是它颠倒了教学流程。学生的学习过程往往分成两个阶段：一是“信息传递”，这一阶段的实现离不开师生和生生之间的互动；二是“吸收内化”，这一阶段则由学生独立完成。因为课下没有同伴的帮助和教师的指导，因此学生常常会在第二阶段，即对知识进行内化吸收时产生深深的挫败感，从而打击自身学习的积极性，丧失学习的成就感。

翻转课堂模式的出现重新建构了学生的学习过程。在课前，学生就已经完成了“信息传递”，并且学生在自学时能够看到教师的讲解视频，能够得到教师的在线指导；课堂上，教师会引导学生通过互动完成对知识的吸收和内化，教师通过了解学生的反馈能够给予学生更加有效的辅导，而同学们的彼此讨论交流无疑也对学生的知识内化起到了较好的促进作用。

3. 重新定位教师与学生角色

（1）教师角色发生转变。传统课堂教学常常被称作教师的“一言堂”，伴随着翻转课堂的兴起，这种现象得到了改善，教师一改以往刻板的知识传授者角色，转而成为学生学习的指导者与促进者。由此，学生的主体地位得以充分体现，学习主动性与积极性的发挥也成为影响学习效果的关键因素。但是，削弱教师的主导作用并不意味着教师在课堂教学中不再重要，而是要求教师转变自身的角色观念，并为学生的探究学习、小组学习等提供指导。

除此之外，在翻转课堂应用的背景下，教师还被赋予了教育资源提供者、教学视频设计与开发者的角色使命，尤其是在学生课前的自学阶段，以视频为主的学习资源的提供至关重要，学生需要通过这些资源掌握本堂课的相关知识点。课堂学习中，教师为学生的答疑解惑也需要依靠教学视频，以增强讲解的生动性，从而加深学生对知识点的理解。如此，教师便成为学生知识学习与应用中的“脚手架”。

（2）学生角色发生转变。学生原本就是学习的主角，这一观点在翻转课堂教学中得到了更正与强化，学生可以根据自身的知识水平、学习能力等调整学习进度，并且相对自由地选择学习地点和时间。在课堂上，学生可以通过协作学习、小组学习进行知识的吸收和内化。在课堂上学生也担当着知识生产者的角色，那些学习速度较快的学生也可以给予其他同学帮助，从而承担了一部分“教”的角色。

（3）新型师生关系的建立。不管是课前的自学还是课上的交流，其中心都是学生，学生能够自主掌握学习视频的进度，可以将内心的想法和问题与教师和同学们交流，他们在学习过程中比以往拥有更多的主动权，这是重新构建的和谐师生关系。翻转课堂对重构师生关系十分有利的原因在于，教师让学生自主选择探究题目，并独立完成探究过程，完成知识体系的建构，真正将学生视为学习过程的主体。

（二）翻转课堂模式的具体方法

1. 翻转课堂中学生学的方法

（1）学生课前观看视频的方法。翻转课堂不同于传统教学课堂，它主要通过教学视频的方式来完成教师传授学生知识的过程。同时，这个过程是学生课前完成的。另外，学生课前通过教学视频来学习一些原理性、事实性的理论知识，从而对教学内容有一定的了解和学习。学生在课前观看教学视频的过程实际上是一个自我调控的过程。翻转课堂涉及的教学视频较短，一般控制在 7~10 分钟。在短的时间内需要完成基础理论知识的学习，需要一定的策略和方法。因此，学生课前观看教学视频需要掌握一定的策略和方法，具体分析如下。

第一，学生必须具有一定的自制力和控制力，这是顺利观看教学视频的基础和前提。因此，学生在观看教学视频时应该选择一个相对比较安静的环境，从而保障没有外界的干扰，以便于自身能够全神贯注地投入到视频观看中。

第二，结合自己的学习情况有选择地对视频进行回看。同一个教学视频，不同的学生观看会遇到不同的问题。同时，部分学生在很短的时间内完成教学视频的观看，这样不仅捕捉不到教学视频中的核心知识，还不利于学生下一步的讨论与学习，更不利于提高自己独立探究能力。因此，在观看视频时，学生应该对自己负责，并根据自己的实际情况进行

视频的观看与学习，必要时可以回看视频，从而真正掌握视频中的理论知识。

第三，在观看视频的过程中，学生应该认真做好笔记，笔记的内容可以是自己感兴趣的知识，可以是自己比较疑惑的问题，也可以是一些具有探究性的深入问题。这一步在课前观看视频中起着十分重要的作用。

综上所述，学生在课前观看视频是需要掌握一定的策略和方法的，只有这样他们才能进行快速而有效的学习。

（2）学生进行独立探究的方法。独立探究策略凸显了学习的独立性、自主性、开放性，同时也凸显了教学的实践性。学生在课前观看视频时采用独立探究策略是十分重要的，这种探究策略也可以运用到实际的教学中，从而凸显学生的主体性。

随着经济全球化的不断发展，社会对探究型、创新型人才的需求更加强烈。因此在实际的教学中，教师应该多培养学生的独立探究意识，提高学生的独立探究能力，进而培养和提高学生的创新能力。而翻转课堂是适应当今时代的一种新型教学模式。在翻转课堂教学模式中，学生可以积极主动参与到教学活动中，并进行独立探究的学习。同时，翻转课堂教学打破了传统的教师传授—学生被动接受的模式，注重学生知识的获取过程。在翻转课堂中，教师也不再是教学的主导和中心，学生的主体性地位得以彰显。同时，在知识获取的过程中，学生自主学习和主动性代替了教师的传授知识的学习。另外，学生在独立探究过程中，遇到一些问题和困难是难免的，这时教师更应该发挥自身的引导作用，从而帮助学生理解和学习。更为重要的是，学生在独立探究过程中，能够体验到学习的乐趣，从而提高独立探究的热情。

2. 翻转课堂中教师教的方法

（1）教师制作教学视频的方法。翻转课堂是否能够顺利实施，教学视频起着关键的作用。优秀教学视频的制作离不开优秀的教师。因此，教师在制作教学视频时，应该保障教学视频的可行性和高质量。教师在制作视频时可以结合自己已有的知识独立制作，也可以采用或参考网络上的一些高质量教学视频。教师录制视频需要很多的辅助工具，其中截屏程序是必不可少的。截屏程序的作用主要是在教师录制完教学视频后，截取掉一些不需要的视频内容，从而完成对教学视频的修改和完善。同时，在录制视频的过程中，教师也可以借助网络摄像头来完成重点内容的录制。另外，教师为了突出重点和难点，需要在白板上进行作图时，可以借助数字笔通过注释的方式来完成。

综上所述，教师制作教学视频的质量直接关乎着教学效果的实现，因此，要想制作出高质量的视频，教师需要注意以下方面：

第一，从视频的时间上入手，保证视频的短小，确保视频时间控制在 10 分钟以内，具体的视频时间可以根据学生的实际情况来确定。

第二，保证声音有力、节奏适中、语气恰当、语言顺畅。只有这样才能激发学生学习的兴趣，进而吸引学生观看教学视频。另外，教师在录制视频时，可以根据情节需要，变换自己的语调、语气等。

第三，确保视频中语言的幽默性。教师可以根据实际需要适当增加一些幽默性的语言，这样能够调动学生学习的积极性。

（2）教师教学生观看视频的方法。如果教师制作高质量的教学视频是教学成功的关键，那么教师教学生观看视频是教学成功的基础。要想保证翻转课堂在网络课堂中实施的顺利性和效果的成效性，教师必须注重学生观看教学视频的策略。教师可以先让学生意识到观看视频的重要性，然后鼓励学生独立观看教学视频，最后通过一些具体的策略来引导学生如何观看教学视频。下面对学生如何观看教学视频做进一步分析。

第一，清除不利于学生观看教学视频的一切要素。例如，通常而言，学生在观看视频时习惯性地将其他无关网页打开，这时教师应该将这些不利因素及时清除。另外，在刚开始实施翻转课堂教学模式时，教师应该集体训练和传授学生如何观看教学视频，并对教学视频的控制进行讲解，如教给学生如何使用暂停键和倒键等。同时，教师应该引导学生悟出观看教学视频的真谛和价值，从而激发学生观看教学视频的兴趣。总而言之，教师应该提高学生对视频的控制能力。

第二，观看视频中如何做好笔记。教师应该让学生知晓，学生在观看视频时应该掌握做笔记的技巧，学生可以记录重难点，可以记录知识点，做好归纳和总结。

第三，鼓励学生寻找问题并提出问题。这样有利于了解学生完成任务的情况，培养学生独立探究和学习的能力。

（3）教师进行课堂教学的方法。实施翻转课堂教学模式最重要的一步就是教师课堂教学的策略。教师组织好教学活动，通过教学策略的实施来促进学生完成学习任务，最终完成知识的建构。

在翻转课堂教学中，教师可以根据学生的实际情况以及教学内容采用不同的教学策略。例如，提问策略、实践性策略、合作讨论策略、共享策略等，从而保证翻转课堂的顺利实施。

总而言之，翻转课堂打破了传统的教学模式，注重学生的主体性，提高了学生自主学习和独立探究的能力。同时，在这一过程中，教师不再是权威者和主导者，而是教学活动的引导者和组织者。如何高效地利用课堂时间，如何有效地实施翻转课堂，需要教师稳固的知识、丰富的教学经验以及超强的管理能力。

（三）翻转课堂模式的教学设计

1. 教学设计的因素

翻转课堂教学模式设计是一项十分复杂的工作，它的影响因素有很多，例如学习活动、学习资源、学习环境、学习分析等，下面对这些因素进行系统分析。

（1）学习活动。在翻转课堂设计中，课堂学习活动的设计是核心。只有在良好的学习活动的基础上，才能更加有效地实施翻转课堂。在翻转课堂模式下，课前就已完成了知识的传递，在课堂上就节省了教师讲授知识的时间，因此，怎样利用充分的课堂时间组织活动加速知识的内化，是翻转课堂能否成功的关键所在。翻转课堂的教学活动按照活动的展开范围可以分为全班交流活动、小组学习活动、个人学习活动。其中，小组学习活动是这三种活动中较为常用的。

（2）学习资源。要想使翻转课堂得到有效的实施，必然离不开各种优质的学习资源。这些资源包括电子课件、微课视频、学习网站、文本教材、电子教材、练习题、在线课程等。其中最重要且最常用的学习资源就是微课视频，它集中讲解了新的知识点。翻转课堂的学习资源更多地用于学生的课前学习。为了提高学生自主学习的效率和效果，教师不仅要将相应的视频资源提供给学生，还要为学生设计自主学习任务单，以引导学生的视频学习。学生可以参照学习任务单，明确观看视频的重点，从而顺利完成知识的自学过程。

（3）学习环境。翻转课堂的实施离不开网络学习环境的支持，例如学生的学习终端和网络学习平台等。网络学习平台在翻转教学模式中发挥着较大的作用，它能够为教师提供个性化推送，能够实现师生之间的互动交流，并能够收集和分析学生在线学习的各种数据。在翻转课堂的实施方面，网络学习平台是最基础的环境。学习终端也具有很多功能，例如支持学生微视频学习、网络交流、在线测试等。

（4）学习分析。在实施翻转课堂教学模式时，教师还有一个十分重要的工作，即利用学习分析技术解释和分析学生在课前网络学习过程中所产生的大量数据，从而判断出学生的学习进度以及可能存在的学习问题，或者对学生的协作能力、批判性思维以及解决问题的能力等进行分析，并在此基础上对自己的教学过程或者教学内容进行适当的调整。

例如，教师发现微课的某个知识点或者某个环节被学生多次重复点击观看，教师就要意识到这里可能是学生学习过程中的一个难点，或者是自己制作的视频在这里出现了问题等。在做出种种猜想之后，教师再根据具体情况进行处理。

2. 教学设计的内容

(1) 过程的设计

第一，确定学生课外学习目标。翻转课堂设计的第一步就是将学生的学习目标确定下来。翻转课堂使课内外的教学颠倒过来，学生在课外已经对新知识进行了学习，课内则将更多的时间放在知识内化上。因此，学生在课内和课外的学习活动有着不同的学习目标。在确定目标时要考虑到下列方面：

一是，详细地阐述学习目标。对于学生完成学习任务前后所发生的能力和行为方面的变化，学习目标应该做出重点解释。从认知领域的学习目标而言，罗伯特·F. 马杰的著作《程序教学目标的编写》中指出完成的教学目标具有一些基本要素——条件、行为、标准。在具体进行教学设计时，有必要在以上三个要素的基础上添加一个新的要素——对教学对象的陈述。为了方便记忆，可以将制定教学目标的要素简称为“ABCD 模式”，具体如下：

A——对象：详细地说明教学所针对的对象。

B——行为：阐明通过学习者所发生的行为方面的变化，在描述行为时，应该更多地使用“了解”“知道”“应用”“掌握”“理解”等词。

C——条件：论述行为产生的条件。

D——标准：对达到上述行为的最低标准做出明确的规定。

二是，学习目标是能够实现的。在制定学习目标时，往往要考虑很多因素，例如学生的认知规律、年龄和知识水平等。若学生的年龄不同，他们的知识和能力水平、认知规律等也会存在差异，因此对于不同的学习活动，他们能够达到的学习结果也会各不相同。因此，所制定的学习目标应该是学生能够实现的。

三是，学习目标是可测量的。教师制定出来的学习目标一定是可量化的，这样有利于对学生达到学习目标的程度进行测量。因此，每一个学习目标都要有与之对应的评价活动和评价问题，还要有评价工具去对学生完成目标的情况进行收集。

第二，选择翻转内容。在翻转课堂的课外学习目标确定之后，教师就要对翻转内容进行选择。选择翻转内容，必须将学生的特点和认知规律作为出发点。

第三，选择内容传递方式。选择内容传递方式主要指的是媒体工具的选择，正是这些媒体工具承载着学生翻转学习的内容。通常翻转课堂中可用到的媒体工具有两类：①文字、视频、图片等承载着翻转内容的媒体资源；②传播资源的系统工具，如学习管理系统、网络教学平台、网络终端和交流通信平台等。决定着选取何种学习内容传递方式的因素有：要传递的内容的大小和形式、学习者的位置及其接收设备等。在综合考虑各种因素

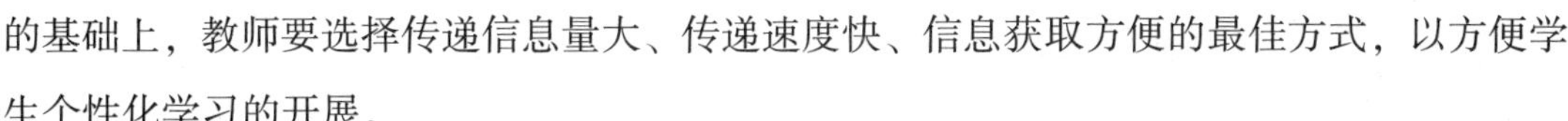

的基础上，教师要选择传递信息量大、传递速度快、信息获取方便的最佳方式，以方便学生个性化学习的开展。

第四，准备教学资源。在学习内容和传递方法都确定之后，就到了学习资源的制作环节。学习资源可以自己开发制作，也可以搜集网络上的相关资源，但不管是通过何种途径形成的学习资源，都要与此前制定的学习内容相一致。此外，资源的大小和形式等也要和传递工具匹配起来。

第五，确定学生课内学习目标。课内学习目标和课外学习目标是存在差异的。课外学习目标主要是针对低阶思维技能提出的，因为课外学生的学习活动更多的是培养学生的识记、理解和应用能力。而在课内，学生要和师生深入地讨论交流、开展探究活动，所培养的更多的是评估、分析和创造等能力，所以毫无疑问，课内学习目标更注重高阶思维技能方面。

第六，选择评价方式。在课程开始前，师生都应该对课堂教学活动做好充分准备。低风险的评价方式是课堂上教师评测学生的常用方式，这种方式不评价学生的等级和分数，而主要用来发现学生在学习过程中所存在的问题，以便师生对自己的计划进行相应的调整。

课前小测验就是经常用到的一种低风险评价方式，小测验有 3~4 个题目，它既检测了课前学生所学到的事实性知识，又使学生有了一个综合应用新知识的机会。通过这个测验，教师可以将测验中的问题告知学生，学生也可以就自己的困惑向教师提问，从而得到满意的解答。因此，在课程开始前用低风险的评价方式对学生的学习效果进行检验是较为有效的教学策略之一。低分评价的方式有很多种，教师可以根据学生课前的自主学习内容选择最佳的评价方式进行评价。

第七，设计教学活动。通过之前的评价教师已经大致明确了学生的学习难点，此时教师需要根据课程目标和学习难点设计最佳的课堂教学活动。课堂学习的重点是解决学生在自主学习过程中的难点，引导学生对新知识进行应用，并将学习内容引向更深的层次。因此，所设计的教学活动要有利于培养学生的高阶能力，比如探究学习、基于项目的学习等。

第八，辅导学生。只有在教师的正确引导下，课堂上的教学活动才能取得预想中的优良的教学效果。在学生开展教学活动时，教师应在旁边予以适当的指导，有时对于那些存在困惑的学生，教师还有必要进行个性化辅导。在学习过程中，对于学生所提出的问题教师要及时给予答复；在学生学习结束或者是汇报学习成果时，教师要进行总结，引导学生进一步内化知识，完成知识的升华。

(2) 任务单的设计

第一，学习任务单的设计方法。在学习任务单的设计过程中，最关键的部分有两个方面：一方面是学习目标的设计；另一方面是学习任务的设计。

一是，学习目标的设计。学习目标从本质上而言，同教学目标的根本方向是一致的，它是由教学目标转化而来的。学习目标的设计目的在于反映学生在自主学习情况下的学习效果。学习目标通常是确定的，因此它是一个常量要求，而不是变量要求。在学习目标的指导之下，学生的自主学习应当有一个进度计划，并根据自己的实际需求完成各项学习活动，以达到掌握所有的学习材料，完成学习目标的目的。

一般而言，学习目标的设计分两个步骤进行：一是以教材为依据，进行详细而深入的分析，确定具体的教学目标；二是对既定的教学目标进行转化，使其成为适应学生学习实际的学习目标。虽然学习目标是由教学目标转化而来的，但是两者不是完全等同的。因此，教师应当明确地向学生说明他们应当完成的各项学习任务，并要求他们通过观看教学视频完成学习任务单所给出的各项学习活动，这样学生就能够对自己的学习目标形成清晰的认识，这对于学生自主学习的高效完成是不可或缺的。

二是，学习任务的设计要求。学习任务的设计同样是学习任务单设计中一个至关重要的组成部分。学习任务的设计科学合理，就能够为学生自主学习的实现提供重要的保障。一般而言，学习任务的设计，应当按照以下要求来进行（表 6-1）。

表 6-1　学习任务的设计要求

要求	做法
与学习目标的要求相符合	学习目标的设计目的在于使学生在开展自主学习之前，就能够对自己的学习活动以及自己所要实现的学习效果形成明确的认识。要想真正将学习目标落实到学生的学习实践中，就必须以良好的学习任务设计来作为保障。这样学生只要完成了既定的学习任务，就能够自然而然地达成学习目标。如果教师能够将学习任务设计得科学而又合理，那么学生也就能够在自主学习中快速而有效地实现教师所预期的教学目标
具备把知识点转化为问题的作用	在学习任务设计过程中，最有效的一个途径就是将学生所要掌握的知识点转化为具体的问题。具体而言，就是将教学中的重点、难点以及其他一些知识点通过问题的方式呈现在学生面前。对于教师而言，这种转化不仅是必要的，也是必需的。首先，把知识点转化为问题具有非常强的可操作性，因为自主学习的向导便是问题，有了问题，学生就能够开展自主学习；其次，将知识点转化为问题，能够在很大程度上启发学生的思维，培养学生分析问题和解决问题的能力

续表

要求	做法
将知识点的涉及面与权重考虑在内	学习任务的设计有两个关键的因素：①对教学的难点、重点以及其他知识点都应当有所涉及；②对于各类知识点的权重要有明确的把握。一般而言，教学的难点和重点需要细化分解为更具体的问题，才能够使学生加强理解和记忆，而其他一般性的知识点则只需要一个问题就能够使学生达到掌握的目的，所以，教师对于各类知识点不能一概而论
为学生提供便捷的资源链接	学生在自主学习过程中，需要大量的学习资源作为支撑，因此，教师应当在设计好的学习任务中，设置比较醒目和便捷的资源链接，这样一来，学生就能够及时获取所需的学习资源，高效地完成学习任务
适当地融入练习	学生经过自主学习，能够掌握一些基础知识，如概念、原理等，此时最需要的就是对这些内容进行巩固，教师应当适当地在学习任务的设计中融入一些联系，让学生技能通过练习检测自己自主学习的效果，又能获得学习成就感

第二，学习任务单设计的注意事项。具体如下：

一是，明确学习目标与学习任务的关系。学习目标与学习任务的关系十分密切，但是两者并不是一个概念。在学习任务单的设计过程中，有些教师对于这两者没有形成非常清晰的认识，就容易导致学习任务单的设计出现问题。

二是，知悉课前任务与课堂任务的关系。虽然在翻转课堂教学模式下，学生在课前观看教学视频开展自主学习是一个非常重要的环节，但从根本上而言，课前的自主学习并非翻转课堂的核心环节，而课堂教学中的交流互动与探究学习才是翻转课堂的重中之重。换言之，学生课前的自主学习是课堂开展的基础，也是课堂学习的重要保障。翻转课堂要想实现成功翻转，最关键的是参与课堂教学的学生要在课前观看视频的过程中进行积极的思考，并提出问题，只有这样，才能推动课堂教学中一系列互动和探究学习活动的有效开展。可见，学生在观看视频之后，完成学习任务单所规定的学习任务，并不足以支撑课堂教学活动的进行，其中不可或缺的方面是学生还应该积极思考，发现问题，从而带着问题参与课堂教学。这样学生就能够在课堂的互动中与同伴合作探究，以达到解决问题的目的。

由此可见，如果学生在课前观看视频的过程中思考越充分，发现的问题越多，课堂的互动与探究也就越能够有效地展开，课堂教学效果自然也就越好。所以，教师在设计学习任务单时，应当明确课前与课堂的任务及目标的关系，在对它们进行设计时，也应当保持在合理的范围之内。否则很容易导致课前与课堂的任务与目标之间产生混淆，而无法实现预期的教学效果。

（3）学案的设计。学案，也被称作导学案，指的是教师所设计的能够对学生的自主学习和知识建构起到指导作用的材料。学案的作用是多元化的，如导读、导思、导视、导练。

第一，学案的构成。学案对于学生的自主学习起到重要的指导作用，因此，学案在构成上应当包含诸多足以支撑学生学习活动开展的因素，如学习目标、重难点、知识链接、学习指导等。

一是，学习目标。学习目标指的是学生在完成一系列学习活动之后所应当达到的程度。教师在设计学案时，应当为学生设置具体而明确的学习目标。目标的数量切忌过多，通常设置 2~4 个是比较合理的。此外，教师还需要注意，教学目标的表述中不要用模糊的词语，例如“了解”“掌握”等，而是要用明确的词语，如“解决……问题”“记住”等具体的词语，这样才能确保学生明确目标并为实现目标而努力。

二是，学习重难点。教师在设计学案之前，要明确课表的具体要求，并对教材进行深入分析，然后根据学生的实际学习情况，确定学生学习的重难点。

三是，知识链接。教师要在学案中为学生提供丰富的知识链接，以便于学生巩固旧知识，预习新知识，从而为以后的学习奠定基础。

四是，学法指导。学法指导可以通过两种方式来呈现：一是在知识的导学中融入学习方法；二是单独呈现学习方法。常用的学法有自主学习方法、阅读方法、做笔记方法等。

五是，学习内容。在学案设计的诸多要素中，学习内容是一个非常关键的方面，它通常包括自主学习、合作学习等内容。学习内容的设计不仅要体现出学案导读、导思、导视、导练的作用，而且要对知识进行更深层次的挖掘。

六是，展示提升。展示的根本目的是实现学生的提升，因此，它不是传统意义上的重复讲解与核对答案。针对这一环节的设计，我们必须体现出创新性与互动性，使学生无论是在小组展示还是班级展示中都获得提升。

七是，学习小结。学习小结指的是对本堂课的知识所进行最后的归纳总结，目的是加深学生对知识的理解与记忆。

八是，达标检测。达标检测的设计要注重题型的多样化，但是题量和难度应当适中，并体现出一定的典型性和针对性，使其真正起到检测学习成果的作用。学生完成检测之后，教师应当给予及时的指导。

九是，学习反思。师生在课堂的教学中形成的学习反思是重要的教学资源。学案要留有一定的空白，使师生能够及时对自己的反思进行记录。学生通过记录自己的学习反思，就能够为以后的复习提供许多便利。

第二，学案设计的方法。具体如下：

一是，学案设计的要求。翻转课堂学案的编写不能对课程标准与教材中的相关内容进行照搬，而是要以学生的有效学习为中心，进行具体的教学设计。通常而言，翻转课堂学案的编写主要有以下要求（表6-2）：

表6-2　学案设计的要求

要求	做法
帮助学生梳理知识体系	帮助学生梳理知识体系要过好教材关。首先，要充分理解教材的编写宗旨，把握教材的知识体系和知识结构；其次，要掌握教材中针对不同层次的学生所提出的学习要求，深入理解个性化教育的深刻内涵；最后，要把握学生获取知识的全过程，寻找激发学生思维和能力的关键点
为学生提供适宜的学习方法和学习策略的指导	学案的编写，要求教师在教学过程中实现由关注自身如何教向关注学生如何学转变，因此，学案应当具有较强的指导性和预见性，使学生能够在学案的指导下积极地进行思考，实现学会与会学两者的有机统一，进而使学案真正成为教师教学的依据和学生掌握学习方式和知识体系的重要载体
学生的个性发展与全面发展要统一	每个学生都是一个独立的个体，在自身学习能力和知识水平上，都存在不同程度的差异，因此学案的编写应当将这一方面充分考虑在内，使学案能够满足不同层次学生的学习需求。需要注意的是，学案并不是僵化的、一成不变的，在使用的过程中，教师完全可以根据现实的教学需求，结合自己的思考和理解对学案进行个性化加工，从而最大限度地发挥学案的价值

二是，学案设计的具体方法。内容如下（表6-3）：

表6-3　学案设计的具体方法

方法	具体内容
明确教学目标，建立知识结构框架	学案设计的目的之一就是指导学生的学习，因此，学案中应当将教学目标明确体现出来，并且保证全面性，即除了单一的知识目标，还要包括相应的能力目标、德育目标等。与最为重要的知识目标相对应的，就是系统的知识结构框架，如宏观的学科知识结构、微观的课时知识结构，这也是学案设计需要格外关注的

续表

方法	具体内容
把握知识的重难点，找出最佳切入点	除了基础知识的铺列，学案设计还要注意把知识的重难点体现出来，让学生明确本次学习的着力点。同时，教师要发挥辅助者的作用，为学生攻克重难点知识提供相应的方法，引导他们通过发散思维分析出问题的症结所在，并在个人努力与通力合作中将问题解决
设计问题，培养学生运用知识的能力	在学生能够对知识基本掌握之后，教师就要培养其对知识的运用能力，设计问题就是一个很好的方法。具体而言，就是教师以学习内容为依据，以学生的学习能力为参考，以启发学生的思考为目的，设计一些实用性的问题，学生解决问题的过程就是在实际中运用知识的过程，由此，学生的知识运用能力自然得到提高
通过练习，及时自查和巩固学习效果	练习是学案设计的最后一个环节，也是最不可或缺的一部分，原因在于，学生在系统的知识学习之后，必须通过检验才能得知学习效果，学案中练习题的设计就可以起到促进学生自查的作用：一方面，自查可以让学生明确自己的学习情况；另一方面，教师也能够根据自查的结果对学生开展针对性的指导，从而改善学习效果

（4）活动的设计。翻转课堂包括课前自主学习与课堂互动探究两个主要环节。在课前自主学习环节，学生虽然掌握了一定的知识，但是这些知识并不成系统，而是“碎片化”的。只有在课堂上，通过活动与探究，对这些“碎片化”的知识加以整合，才能实现吸收和内化。所以，对于课堂环节的设计是翻转课堂实施的一项关键内容，也是对教师教学设计能力的一个极大的考验。具体而言，课堂活动的设计主要涉及以下方面内容。

第一，确定问题。翻转课堂不同于传统的课堂教学。在翻转教学课堂中所探究的问题并不是由教师单独决定的，而是由教师与学生共同确定的。从教师的视角而言，教师在提出问题之前势必会结合教学大纲、教学目标以及教学的重难点。而从学生的视角而言，学生在提出问题时，会参考自己在课下看视频的情况和结果，也可以根据课前的一些练习以及与同伴之间的讨论，将一些课前无法解决的问题呈现出来。通过综合分析师生不同的问题，最终确定翻转课堂所探究的问题。

第二，合作探究。合作探究最常见的形式就是小组协作。教师可以根据学生的实际情况，按照每组4~6人的规模来划分小组，之后，将探究的问题分配给每个小组，同时，为了小组讨论的顺利进行，教师应该在每组中选取一个组长，来负责该组的探究活动。在合作探究中，教师应该鼓励小组内的每个成员都积极参与讨论和探究，并结合主题和自身

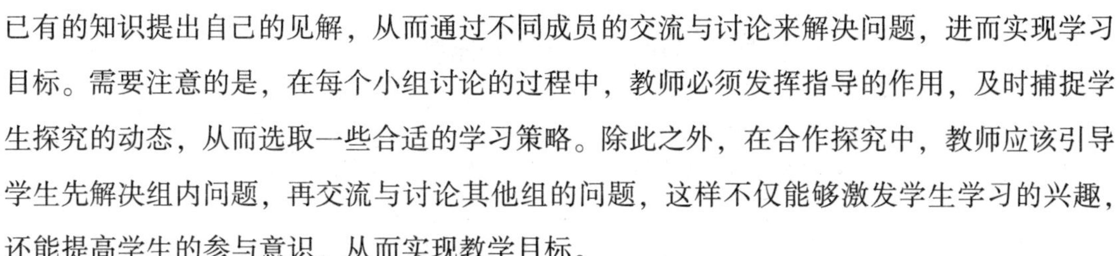

已有的知识提出自己的见解，从而通过不同成员的交流与讨论来解决问题，进而实现学习目标。需要注意的是，在每个小组讨论的过程中，教师必须发挥指导的作用，及时捕捉学生探究的动态，从而选取一些合适的学习策略。除此之外，在合作探究中，教师应该引导学生先解决组内问题，再交流与讨论其他组的问题，这样不仅能够激发学生学习的兴趣，还能提高学生的参与意识，从而实现教学目标。

第三，展示质疑。经过合作探究之后，就进入了下一个阶段——展示质疑。通过合作探究之后，教师应该组织全班学生将自己或小组内的协作探究成果展示在教学课堂中。在这一过程中，教师只是一个组织者和引导者，教师可以对学生提出的观点或意见加以补充，但不可以代替学生来表达，真正将课堂变成学生的研讨会。在组织学生展示时，教师可以采取的形式有很多种，比较常见的有演讲形式、比赛形成、成果展示形式等，从而保证各个小组都有发言的机会，实现学习与讨论的共享。

第四，点拨评价。在展示质疑之后，教师就需要根据不同学生的表现和观点进行点拨评价。对于学生一些错误的观点和答案，教师应该充分发挥引导作用，及时指出和更正学生的错误；对于学生不完整的观点和答案，教师也应该有针对性进行补充和完善；而对于一些没有确定答案和比较开放的问题，教师没有必要统一学生的答案和观点，而应该鼓励学生积极参与到讨论中，并发表自己的观点。

总而言之，教师应该在学生合作探究和展示质疑之后，对学生的完成情况进行归纳和总结，从而了解学生学习的情况以及存在的问题。另外，教师可以根据学生已掌握的知识、未掌握的知识以及需要进一步拓展的知识来设计下一步的教学方案，保证教学方案的真实性、针对性和可行性。需要注意的是，在点拨评价完成之后，教师应该给学生布置下一次的教学视频以及需要探究的问题，从而使学生不断吸收新知识。

第五，达标测评。翻转课堂活动设计的最后环节是达标测评。经过以上四个环节的不断推进，学生已经掌握了课程标准所要求的知识目标与基本技能目标，同时学生对教学中一些基本概念、基本原理有了进一步的理解与认识，并能够灵活地进行应用。因此，教师可以通过临下课前的 5~10 分钟对学生的达标能力进行测评，从而更好地进行下一步的教学。达标测评不仅有利于检验学生的学习情况和技能水平，还有利于学生综合能力和灵活应用能力的提高。

综上所述，翻转课堂教学活动的设计，其实就是一个确定问题—解决问题—评价问题的过程。众所周知，无论是传统教学课堂还是翻转课堂，其时间都是固定不变的，因此，在实际的教学中，教师应该根据不同环节的重难点来安排和调整时间，从而为翻转课堂的实施提供保障。

二、汉语言文学教学构建翻转课堂模式的策略

（一）运用翻转课堂迁移基础学习内容，提升教学针对性

“作为一门最基础的核心学科，汉语是每个中国人自幼便开始学习且终身使用的语言，与之紧密相关的汉语言文学更是一项长期的系统性工程，需要充分时间积淀才能实现从量变到质变的飞跃。”① 因此，仅仅是课堂上短短数十分钟的教学于汉语言文学的系统性而言只能是杯水车薪。且传统模式下的课堂教学又无法顾及每个学生个性化的学习要求，因此新时期汉语言文学教学构建翻转课堂的首要策略，就是利用翻转课堂迁移基础学习内容，提升课堂教学针对性。换言之，教材、课本上基础性、学识性的概念与内容都可为了提升教学效率和针对性，我们计划将教学内容迁移至课外，利用线上平台制作主题课件，由学生在课余时间自行学习。通过预习新课内容，结合教师的视频课件形成初步印象，学生可以预先了解课程中的疑点和难点。在课堂教学开始时，学生可以将课外预习时发现的问题向教师提出，使课堂教学重点更加明确，提升释疑效果。通过这样的方式，有限的课堂时间能够更有效地解决学生的疑惑，提高教学效果。在课后复习阶段，学生可以再次观看视频课件进行巩固，并通过附带的测试题目进行自检自测，进一步加深对预习和课堂学习内容的理解和记忆。

利用翻转课堂迁移基础学习内容不仅能够从根本上颠覆传统教学的局限性，而且能够形成一人一策的个性化教学模式。学生在自学过程中发现自身缺陷和不足加以修正和弥补，且能不限次数地回看并复习，同时结合线上测试等方式逐步摸索一条最有效率、最能被接受和认同的规律与习惯。久而久之，过去被动灌输式学习便能够发展成主动探究式学习。而这恰恰是形成教育针对性的核心与重点。

（二）合理优化考核评价体系，丰富考试的形式与内容

尽管汉语言文学专业在职业或职务上没有高度对应的岗位，但其对各行各业的影响却是不可或缺的。这一专业的价值与意义在于其对现实职场的间接影响。因此，在新时期，汉语言文学的教学质量应当紧密结合这一趋势特征，优化考核评价体系，丰富考试形式与内容。例如，在翻转课堂的视频测试环节，可以模拟企业文秘的角色，要求学生结合企业一年来的生产经营成果撰写年度工作总结。此外，也可以假设广告公司接到某快销企业的

---

① 朱圣男. 汉语言文学教学构建翻转课堂的策略分析［J］. 经济师，2021（2）：178.

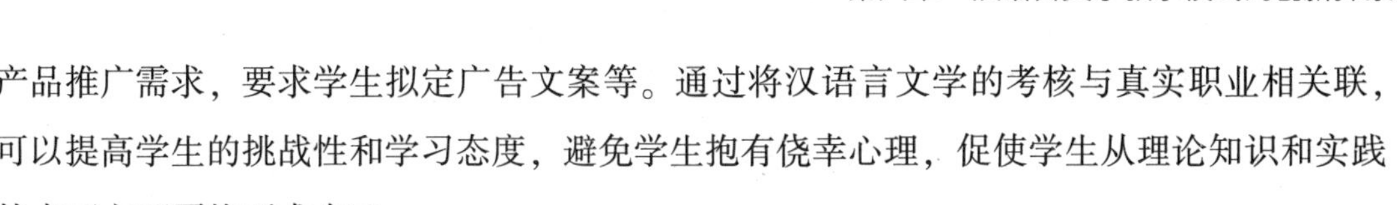

产品推广需求，要求学生拟定广告文案等。通过将汉语言文学的考核与真实职业相关联，可以提高学生的挑战性和学习态度，避免学生抱有侥幸心理，促使学生从理论知识和实践技术两方面严格要求自己。

（三）分组合作提升学习自主性，培养终身学习的意识

汉语言文学的人文性来自悠久的历史和厚重的文化积淀，这些与时间相关的内在特点决定了这一专业的学习将伴随学习者终身。因此，新形势下汉语言文学教学构建翻转课堂还需要分组合作提升学习自主性，培养终身学习意识和能力。这种合作式学习比较适合主题式探究，也就是教师利用视频课件为学生小组布置课后练习，采取多选主题形式，由学生小组自行商议并选择，再由学生小组内成员自行安排分工，最后呈交学习报告或小组论文。

分组合作的学习方式不仅有助于学生提高主动学习的积极性，且小组合作过程也是学生练习口头表达与文字表达的机会。加之小组合作也有利于学生培养团队精神与合作意识，这对未来的社会生产与工作同样是极大的助益与促进。

在全球范围内，汉语因庞大的使用人口基数，使得汉语言文学成为拥有广大学习者群体和坚实受众基础的学科之一。然而，面对时代的快速发展，传统的教学模式逐渐显现出局限性。这并非汉语言文化本身的问题，而是传统教学模式与新一代学习者的需求之间存在代沟，亟须改进以增强适应性。翻转课堂的出现，正好满足了这些需求。通过将大量基础性内容迁移至课外，利用线上自主学习实现更广泛的普及，课堂时间得以更有效地用于答疑解惑和提升教学的针对性。此外，翻转课堂的构建还有助于汉语言文学与其他应用专业实现跨界融合，打破传统模式下缺乏实用性的局限。优化汉语言文学的教学形式，基于翻转课堂模式不仅是重要途径，更是借助现代信息化手段实现转型升级与可持续发展的必由之路。

第五节　基于“互联网+”的汉语言文学教学模式

随着“互联网+”时代的到来，社会大环境发生了很大的变化。社交网络、大数据、云计算、智慧地球的出现和发展，都对培养社会需求型人才提出了更高的要求，尤其高校汉语言文学专业教学模式的探究已经成为高校教学的主要内容之一。

汉语言文学专业旨在培养学生具备扎实的汉语言文学基础理论、基础知识和基本技

能，使他们具备在新闻文艺出版部门、科研机构和事业单位从事文学评论、汉语言文学教学与研究工作的能力。而“互联网+”作为一种新兴的经济形态，强调充分发挥互联网在生产要素配置中的优化和集成作用，深度融合新一代信息技术，如云计算、大数据等，以提升实体经济的创新力和生产力，形成更加广泛的经济发展新格局。

汉语言文学，作为一门历史悠久的学科，具有强烈的传统特性。其教学体系在长期的发展过程中，经过不断的完善和优化，已经形成了较为科学和健全的架构。然而，随着时代的快速变迁和社会需求的不断变化，汉语言文学教育必须与时俱进，进行必要的改革和创新。为了更好地满足社会对汉语言文学人才的需求，教育者应积极更新教学理念，改革教学方式。在教学内容上，应根据社会的实际需求进行有针对性的调整，以提高教学的针对性和实效性。在“互联网+”的新时代背景下，汉语言文学教育更应把握时代脉搏，在改革中保留和发扬优秀传统，构建适应社会发展的汉语言文学人才培养新模式。这不仅有助于提高教学质量，更对培养具备时代特色的优秀人才具有深远的意义。

在“互联网+”时代下汉语言文学教学仍然存在一些不足之处，一方面，汉语言文学教学仍然采用传统的教学理念，教师按照自己的理解给学生讲解，存在一定的局限性。教学仍然停留在对文字和文章简单的解读，这在一定程度上难以实现对汉语言文学人才培养的目标。因此，只有掌握专业的理论知识，跟随时代的脚步，不断提升自己，才能真正实现自身的价值，成为社会需求型人才。另一方面，教师缺乏对学生的情感教育。在教学中课堂以教师为主体，学生的课堂参与积极性不高，学生和教师存在距离感，教师没有充分了解学生的学习需求，以至于学生的学习积极性不高，影响汉语言文学教学质量和学生的学习效率。

“互联网+”时代下创新汉语言文学教学模式的策略具体如下：

一、教师要转变教学理念与教学模式

在传统的教学模式中，教师通常占据主导地位，这在一定程度上限制了学生的学习积极性和主动性。部分学生甚至可能因此对汉语言文学学习产生抵触情绪。随着时代的发展，教育观念也应与时俱进。学生作为学习过程中的主体，其个性化发展需求应得到充分的尊重与满足。在“互联网+”时代背景下，教师可充分利用互联网技术，发挥信息技术的优势，进一步激发学生的主观能动性。这不仅有助于提升学生在课堂上的学习效率，更有助于培养其自主学习与终身学习的能力。

二、注重教师的综合素质与情感教育

教师作为课堂的核心引导者，承担着制定教学目标和教学内容的重要职责，其作用在整个教学过程中不可或缺。教师的综合素质在很大程度上决定了教学质量的高低。因此，教师不仅需要具备扎实的专业理论知识，还需要持续提升自身的综合素质。在教学方法上，教师应充分利用网络资源的共享优势，不断更新教学理念，创新教学方法，并建立引导式的教学模式。通过这样的方式，教师可以更好地激发学生的兴趣和积极性，提高教学效果。同时，教师还应该注重与学生之间的情感交流。在传授知识的同时，教师应展现出对学生的热情和关怀，多给予学生鼓励，利用网络平台与学生保持密切的沟通与交流，拉近师生之间的距离。这样的互动有助于营造良好的学习氛围，提升学生的学习体验。

三、通过培养教学目标提高学生就业能力

在“互联网+”时代，高校学生面临越来越大的就业压力，社会对人才的要求也越来越高，因此高校在汉语言文学教学中应该以社会对人才的要求为教学的主要目标，将学生培养成全面发展的人才。为此，学校应该针对需求对教学模式进行改革和创新，为汉语言文学教学建立系统的教学体系，包括提高学生的写作能力和语言组织能力，将理论应用于实践的能力和课堂互动能力等。让学生运用所学知识解决现实生活中遇到的问题，为学生今后的成长和工作奠定基础。

在“互联网+”时代背景下，加强社会主义精神文明建设对提高文明程度有重要意义。汉语言文学教学模式的改革和创新应该成为汉语言文学教学的主要内容，这也是提高汉语言文学教学水平和教学质量的重要途径。为此，高校可以通过转变教学理念、丰富教学方法、提高教师的综合素质以及促进学生就业能力等途径来创新汉语言文学教学模式，为社会培养汉语言文学人才。

第六节　后现代教学观照下的汉语言文学教学模式

后现代教学观和我们现代的教学思想观念有很多相似之处，同时它也是对现代教学思想的一种创新和改革。因此，后现代教学观的出现对我国高校教学改革产生一定的影响。在后现代教学观照下进行汉语言文学教学，应该取其精华，去其糟粕，创新教学模式，促进教学质量的提升。

一、后现代教学观照下的教学理念解读

（一）在教学过程中学生与教师是平等的

在后现代教学理念的影响下，汉语言文学教学过程中的教师和学生应保持平等地位。这并不意味着教师是绝对的权威，学生只能被动接受，没有发言权。相反，我们鼓励在课堂教学中加强师生间的交流与沟通，确保学生和教师之间平等地互动。当然，在这种平等关系中，学生仍须遵循教师的安排。教师会给予学生足够的时间进行思考和交流，并扮演引导者的角色，确保课程顺利进行。同时，教师须及时对学生进行正确的引导，以保障整个课程的进度。

（二）在教学过程中采用阐释教学方法

在后现代教学观照下进行教学，一般都选择阐释教学的方法。这种教学方法与传统的方法截然不同，它倡导学生不能只是一味地听从教师讲解，而是应该为学生营造开放的学习环境，即在整个教学过程中给学生更多的自由，让他们自主学习，激发他们的想象力，让他们真正地理解所学的知识内容。采用这种教学方法教师不仅教会学生所学的内容，同时还教会了他们怎么去学，培养了学生的学习能力，以及运用理论知识的能力。另外，在后现代教学观照下，教师对学生的点评方式更加全面。这种模式下教师认为每一个学生都是独一无二的，它强调学生的个性，鼓励学生发展自己的个性，而不像传统评价模式一样按照统一的标准去评价所有的学生，因为传统评价模式不利于学生的发展。在评价过程中，不能只关注学生最终的结果，还应该关注学生在整个学习过程的表现，如一些学生的考试成绩虽然不是很理想，但是他们在平常的学习中很努力，也很认真，这个时候教师也要肯定他们在平常学习中的努力，将其作为考评的一部分，只有这样才能鼓励更多的学生在整个学习过程中努力学习。

（三）在教学过程中适当加入对话

对话是整个后现代教学观照下的主要思想。在教学过程中进行平等、开放、富有想象力的对话可以激发学生的学习潜能。同时对话的过程可以开阔学生的视野，活跃学生的思维，提高他们的思维能力。此外，对话的过程也是理论联系实际的过程，学生与学生之间的对话或者学生和教师之间的对话都是对于所学理论知识的讨论与运用，在对话中学生和教师都会对这些知识有新的认识和理解。

二、基于后现代教学观照的汉语言文学教学模式构建

（一）改变汉语言文学的教学目标

传统的汉语言文学教学目标往往仅要求学生大致理解并掌握课本内容。然而，这种教学目标使学生难以深刻领会所学内容的真正含义，也不清楚如何将理论知识与实际生活相结合。因此，传统的教学目标确实需要进一步完善。基于后现代教学观，我们应对传统教学目标进行改进。具体而言，我们应使学生在理解的基础上掌握所学内容，并鼓励他们勤于思考、勇于实践。通过将理论知识与实际生活相结合，学生可以更深刻地理解所学内容，并做到活学活用。

（二）由计划学习向合作学习转变

计划学习就是在进行学习之前教师就已经为学生设定好学习的具体环节，整个学习过程学生只能按照教师的安排按部就班地进行。实际上，这种教学方法并不能满足现阶段汉语言文学教学的需求，在整个学习中学生只能被动地接受教师所讲的内容，自己根本没有时间思考和交流，久而久之学生就会变成学习的机器，完全不能领会教师所讲内容的真正含义。而在后现代教学观照下倡导合作学习，即在整个教学过程中，教师可以给学生充足的时间自主合作学习，培养学生学习兴趣，调动学生学习的积极性和主动性，充分发挥他们在学习中的主体性，打破传统教学的思维局限，给学生更多的自由，让他们自己去领悟所学的内容，才能将所学知识内化并为己所用。

（三）在教学过程中加强师生互动

在传统的汉语言文学教学过程中，师生之间的互动机会很少，即使有互动的机会一般也是教师和某一名学生之间的互动，不能充分发挥双向互动的价值。而在后现代教学模式下，鼓励教师与学生个体之间的互动，教师可以与一名或多名学生进行互动，根据教学的需要进行相应的教学互动，在互动中引导学生更好地学习。

参考文献

[1] 阿依努尔·阿布力孜. 论汉语言文学教学策略及教学改革 [J]. 时代教育，2017（7）：191.

[2] 旦木登加布. 试论对汉语言文学教学的几点思考 [J]. 中国科技投资，2013（33）：559-559.

[3] 董业铎，岳爱华. 浅议汉语言文学教学改革 [J]. 新校园（上旬刊），2014（11）：40-40.

[4] 冯洁. 基于互联网媒介的中国传统文化教学模式设计 [J]. 文教资料，2019（9）：197.

[5] 侯玉梅. 新时期高校汉语言文学专业教学模式的转变 [J]. 三角洲，2023（19）：150.

[6] 胡蓉. 解析汉语言文学教学方式创新 [J]. 速读（中旬），2015（9）：54-54.

[7] 纪歌. 高校汉语言文学教学现状与建设研究 [J]. 神州，2018（2）：97.

[8] 柯凯译. 互联网环境下高校汉语言文学教学策略探讨 [J]. 黑龙江科学，2021，12（17）：132-133.

[9] 寇延年. 浅析微课模式下开放性高校汉语言文学教学 [J]. 陕西教育（高教），2019（11）：49，53.

[10] 匡健秀. 高校汉语言文学教学方法浅析 [J]. 长江丛刊，2020（18）：59-60.

[11] 李芹. 探析汉语言文学教学方式创新 [J]. 青春岁月，2018（10）：147.

[12] 李吟. 从《雾都孤儿》看狄更斯小说的现实性与童话性 [J]. 巢湖学院学报，2013（5）：119.

[13] 李宗霖. 致思趋向视阈下的中国传统文化课研究性教学模式探讨 [J]. 内蒙古师范大学学报（教育科学版），2013，26（7）：131.

[14] 刘鹄. 新时期汉语言文学专业教学模式的创新研究 [J]. 经济视野，2014（3）：469-470.

[15] 马晓华. 高校汉语言文学专业教学模式应向创造性教学转变 [J]. 内蒙古师范大学学报（教育科学版），2002，15（1）：29-31.

［16］马秀萍. 论汉语言文学教学方式的创新［J］. 北方文学（中旬刊），2018（1）：202.

［17］施旸. 自主合作模式在高职汉语言文学教学中的应用［J］. 学园，2014（23）：76-76.

［18］苏洪. 汉语言文学的理论与发展研究［M］. 长春：吉林出版集团股份有限公司，2022.

［19］孙炜. 汉语言文学教学策略及教学改革［J］. 青年与社会，2014（10）：202-202.

［20］孙焱. 汉语言文学教学改革探索［J］. 华夏地理，2016（3）：35-35.

［21］覃志鸿. 新时代高校汉语言文学专业教学模式的转变探析［J］. 牡丹，2018（32）：120-121.

［22］田喆，刘珊，石瑾. 汉语言文学导论［M］. 长春：吉林文史出版社，2019.

［23］汪文斌. 浅谈汉语言文学教学［J］. 速读（下旬），2016（9）：302.

［24］王朝闻. 美学概论［M］. 北京：人民出版社，1981.

［25］王虹. 浅谈汉语言文学教学［J］. 读写算（教育教学研究），2015（14）：73-74.

［26］王娜. 高校汉语言文学教学弘扬中华传统文化之我见［J］. 福建茶叶，2020，42（3）：425.

［27］王西维. 汉语言文学与大学生人文素质教育［M］. 长春：吉林人民出版社，2019.

［28］王业嘉. 汉语言文学教学与审美教育［J］. 读书文摘，2016（3）：71-71.

［29］王玥. 汉语言文学教育与教学方法的创新研究［M］. 延吉：延边大学出版社，2020.

［30］王悦婷. 谈汉语言文学教学的语言风格与语言艺术［J］. 参花，2017（20）：89.

［31］夏多多，许莲花. 汉语言文学专业教学中的研究性学习模式初探［J］. 语文学刊，2015（10）：115-117.

［32］谢应光，王方. 通识教育背景下汉语言文学专业课程设置的理念与策略［J］. 国家教育行政学院学报，2012（1）：67.

［33］徐京魁. 后现代教学观照下的汉语言文学教学模式研究［J］. 各界，2017（24）：59.

［34］徐志强. 翻转课堂中的汉语言文学专业教学模式探析［J］. 芒种，2016（14）：78-81.

［35］易能静. 汉语言文学教学模式创新思路分析［J］. 文学教育（上），2023（1）：97.

［36］张恒业. 如何加强汉语言文学教学［J］. 新课程（中旬），2013（11）：53-53.

［37］张梦珂. 网络环境下汉语言文学教学模式分析［J］. 课外语文（下），2016（3）：22.

［38］张宇鹏. 探析汉语言文学教学方式创新［J］. 神州，2017（28）：80.

［39］张玉堂. 汉语言文学教学策略及教学改革分析［J］. 商业故事，2015（30）：114.

［40］张玉堂. 基于网络环境下的汉语言文学实践教学模式探究［J］. 商业故事，2015（30）：115.

［41］郑君. 新形势下汉语言文学教学的问题及对策探析［J］. 赤峰学院学报（哲学社会科学版），2015（5）：256-257.

［42］郑维群. 新时期高校汉语言文学专业教学模式的转变探索［J］. 都市家教（上半月），2017（8）：1.

［43］钟鹏举. 关于汉语言文学专业教学模式的思考［J］. 时代教育，2014（2）：128-129.

［44］朱圣男. 汉语言文学教学构建翻转课堂的策略分析［J］. 经济师，2021（2）：178.

［45］朱自清. 朱自清说诗［M］. 上海：上海古籍出版社，1998.